Klasse 1-3

Sabrina Hinrichs

Orff-Instrumente

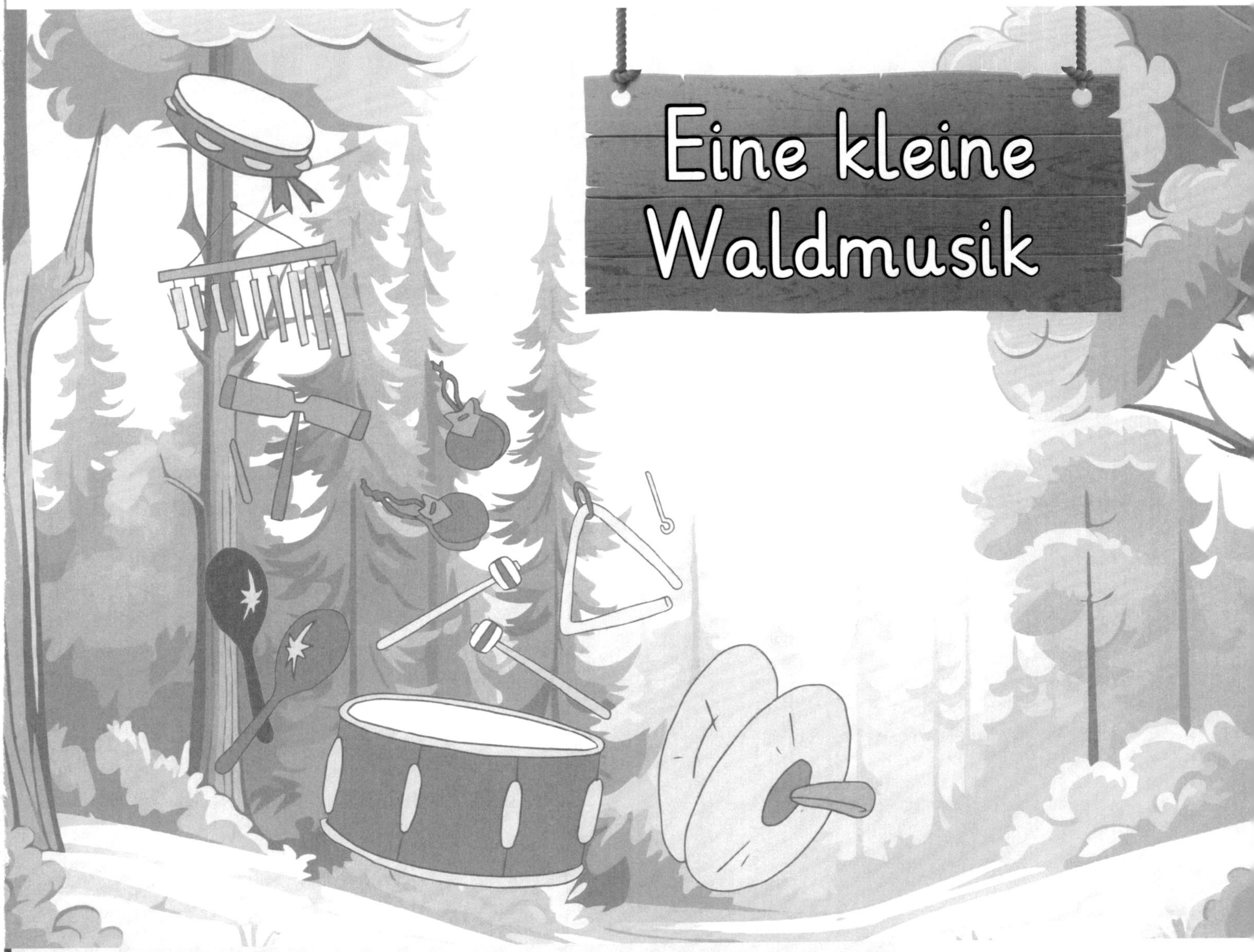

Eine kleine Waldmusik

Geschichten, Rätsel und Spiele zum Musizieren und Entdecken der Orff-Instrumente

Orff-Instrumente – Eine kleine Waldmusik

2. Auflage 2025

Inhalt: Sabrina Hinrichs
Umschlagbilder: © ket4up, az_design8888 & xxstudio - AdobeStock.com
Redaktion: Kohl-Verlag
Grafik & Satz: Kohl-Verlag
Druck: Druckerei Flock, Köln

Bestell-Nr. 13 078

ISBN: 978-3-98841-146-4

Bildquellen © AdobeStock.com:
S. 2: © Africa Studio; S. 4: © Satoshi Kikyo; S. 5: © fireflamenco, Osvaldo, JungleOutThere_Eule, ValentinValkov; S. 6: © geniuskp, 279photo, Flavijus Piliponis; S. 7: © Johnstocker, Arturo Limón, Wahyu, BGStock72; S. 8: © Diana Wolfraum, JungleOutThere, Popmarleo, gupu; S. 9: © Roi_and_Roi, JungleOutThere, Reytr, molotok289; S. 10: © m.bonotto, Maria Skrigan, umnola; S. 11: © m_a, SachiDesigns, blueringmedia; S. 12: © Maria Skrigan, umnola, blueringmedia, Roi_and_Roi, JungleOutThere, Popmarleo, Johnstocker, Wahyu, abbydesign, fireflamenco, Flavijus Piliponis; S. 13: © SachiDesigns; S. 14: © m_a, m.bonotto, Maria Skrigan, umnola, blueringmedia, Diana Wolfraum, Roi_and_Roi, JungleOutThere, Reytr, molotok289, Popmarleo, Arturo Limón, Wahyu, gupu, BGStock72, abbydesign, fireflamenco, Osvaldo, 279photo, ValentinValkov, L.Klauser, Klaus Eppele, redwingAT, デザイン モザイクアートPITCOM, sumnersgraphicsinc, PBaishev, nahariyani100, Iushchenko Tetiana, Thomas, Elvis, Johnstocker, Flavijus Piliponis, Peter Hermes Furian, geniuskp, Dmitry Vereshchagin, dd; S. 15: © m_a, m.bonotto, Maria Skrigan, umnola, blueringmedia, Diana Wolfraum, Roi_and_Roi, JungleOutThere, Reytr, molotok289, Popmarleo, Arturo Limón, Wahyu, gupu, BGStock72, abbydesign, fireflamenco, Osvaldo, 279photo, ValentinValkov, Johnstocker, Flavijus Piliponis geniuskp; S. 16: © m_a, m.bonotto, umnola, JungleOutThere, Popmarleo, Arturo Limón, gupu, BGStock72, abbydesign, fireflamenco, ValentinValkov, Johnstocker; S. 17: © Maria Skrigan, blueringmedia, Diana Wolfraum, Roi_and_Roi, JungleOutThere, Reytr, molotok289, Wahyu, Osvaldo, 279photo, Flavijus Piliponis, geniuskp; S. 19: © Osvaldo, ValentinValkov, geniuskp; S. 20: © Arturo Limón, gupu, BGStock72, 279photo; S. 21: © Diana Wolfraum, Reytr, molotok289; S. 22: © m_a, m.bonotto; S. 25: © az_design8888; S. 26: © m.bonotto, molotok289, BGStock72, Klaus Eppele, デザイン モザイクアートPITCOM, PBaishev, Peter Hermes Furian, geniuskp; S. 28: Diana Wolfraum, Iushchenko Tetiana, Peter Hermes Furian, 28: © AdobeStock_145019738_ Peter Hermes Furian, geniuskp; S. 29: © m.bonotto, molotok289, Arturo Limón, BGStock72; S. 31: © m_a, m.bonotto, Reytr, molotok289, Arturo Limón, gupu, BGStock72, 279photo, Klaus Eppele, デザイン モザイクアートPITCOM, PBaishev, nahariyani100, Iushchenko Tetiana, Thomas, Elvis, Peter Hermes Furian, geniuskp, Dmitry Vereshchagin, dd; S. 32: © m.bonotto, Reytr, molotok289, Arturo Limón, 279photo, ValentinValkov, RenZen, Klaus Eppele, PBaishev, nahariyani100, Thomas, Elvis, Peter Hermes Furian, m.bonotto, S. 33: © Reytr, molotok289, Arturo Limón, 33: © AdobeStock_314618_Arturo Limón, 279photo, ValentinValkov, RenZen, Klaus Eppele, PBaishev, nahariyani100, Thomas, Elvis, Peter Hermes Furian; S. 34: © m.bonotto, molotok289, Arturo Limón, Christine Wulf, Klaus Eppele, デザイン モザイクアートPITCOM, sumnersgraphicsinc, nahariyani100, Peter Hermes Furian; S. 35: © Irina, irinapugacheva, eyewave, icons gate, rawku5, andin, Tricon, endstern; S. 36: © molotok289, m.bonotto, Arturo Limón, BGStock72, WhataWin, PBaishev, Elvis, geniuskp; S. 37: © saint_antonio; S. 39: © m_a, m.bonotto, Reytr, molotok289, Arturo Limón, BGStock72, 279photo, Klaus Eppele, nahariyani100, Thomas, Peter Hermes Furian, geniuskp, dd; S. 40: © Reytr, Arturo Limón, 279photo, Peter Hermes Furian, Dmitry Vereshchagin, dd; S. 41: © m_a, molotok289, gupu, BGStock72, redwingAT, PBaishev, Iushchenko Tetiana, Thomas; S. 42: © m_a, Diana Wolfraum, molotok289, Arturo Limón, gupu, 279photo, ValentinValkov, Klaus Eppele, デザイン モザイクアートPITCOM, Peter Hermes Furian, 42: © AdobeStock_150999212_Peter Hermes Furian, dd; S. 43: © m_a, 43: © AdobeStock_104485676_molotok289, BGStock72, PBaishev, nahariyani100, Thomas, Peter Hermes Furian, dd; S. 48: © MINIWIDE; S. 49: © MINIWIDE; S. 52: © Diana Wolfraum, az_design8888, Iushchenko Tetiana, Peter Hermes Furian, geniuskp; S. 53: © m.bonotto, molotok289, Arturo Limón, BGStock72; S. 5-13: © gomolach_neu; S. 14-51: © az_design8888;

Bildquellen © wikipedia:
S. 14+42: © Freddythehat

S. 30+53: © XWord

Kontakt: Kohl-Verlag, An der Brennerei 37-45, 50170 Kerpen
Tel: +49 2275 331610, Mail: info@kohlverlag.de

Inhaltsverzeichnis

KOHL VERLAG Orff-Instrumente – Eine kleine Waldmusik – Bestell-Nr. 13 078

Methodisch-didaktische Hinweise

Mit Orff-Instrumenten sammeln viele Kinder ihre ersten musikalischen Erfahrungen. Auch ohne Vorkenntnisse können bereits kleine Kinder mit den Orff-Instrumenten Klänge erzeugen und diese für Liedbegleitungen, Rhythmusstücke oder einen kreativen Umgang mit Musik nutzen. Die verschiedenen Instrumente haben einen hohen Aufforderungscharakter und laden zum Experimentieren mit Klängen ein.

Eine Möglichkeit für eine erste Heranführung an die Orff-Instrumente bietet die Geschichte „Eine kleine Waldmusik“. Jedem Waldtier ist dabei charakteristisch ein Orff-Instrument zugeordnet. Beim Vorlesen erklingen die einzelnen Orff-Instrumente bzw. werden von der Lehrkraft im Verlauf der Geschichte nacheinander vorgestellt. In der Geschichte macht jedes Waldtier Geräusche, von denen sich jeweils alle anderen Waldbewohner gestört fühlen. Doch am Ende stellen sie fest, dass Musikmachen gemeinsam am meisten Spaß macht. Im Verlauf der Geschichte wird also ein Instrument nach dem anderen vorgestellt, bis am Ende schließlich alle gleichzeitig erklingen. Auf Seite 13 finden Sie eine Anregung, um nach dem Vorlesen der Geschichte mit allen Instrumenten gemeinsam zu Musizieren. Je nach Gruppengröße und den Vorerfahrungen und dem Leistungsstand der Gruppe kann das Stück selbstverständlich vereinfacht oder erweitert werden.

Im Anschluss an die Geschichte befinden sich in diesem Heft weitere Materialien zum Kennenlernen und Entdecken der Orff-Instrumente. Dieser Aufgabenteil besteht aus zwei Teilen: Der erste Teil (Seite 14-23) bezieht sich auf die Geschichte und kann nur im Zusammenhang mit dieser genutzt werden. Die Aufgaben des zweiten Teils (Seite 24-51) können unabhängig von der Geschichte eingesetzt werden. Dabei laden Legespiele, Malaufgaben, Gruppen- und Bewegungsspiele, Lieder, Klanggeschichten und Rätsel zum Entdecken und Experimentieren mit Orff-Instrumenten ein. Außerdem besteht die Möglichkeit die Geschichte als Musiktheaterstück zu proben und aufzuführen.

Viel Spaß beim Kennenlernen der Orff-Instrumente und beim gemeinsamen Musizieren wünschen Ihnen das Redaktionsteam vom Kohl-Verlag und

Sabrina Hinrichs

Orff-Instrumente – Eine kleine Waldmusik – Bestell-Nr. 13 078

1 Eine kleine Waldmusik

Es dämmert allmählich im Wald. Ein neuer Tag beginnt und damit auch die Geräusche der Tiere, die nach und nach erwachen. Die Eule legt sich allerdings gerade nach einer langen Nacht schlafen und ruft zum letzten Mal ihr: „Schuhu!"

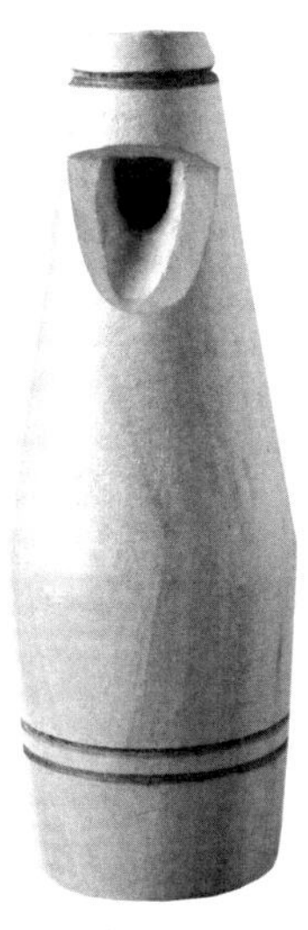

„Nicht schon wieder dieser Lärm!", ärgern sich die anderen Tiere, die bereits aufgewacht sind. „Ist es denn niemals ruhig im Wald?"

Zum Glück fallen der Eule schon bald die Augen zu. Mit der Morgendämmerung beginnt allerdings auch der Gesang der Vögel. Immer mehr Vögel erwachen und das Zwitschern, Pfeifen und Tirilieren wird lauter und lauter.

„Nicht schon wieder dieser Lärm!", ärgern sich die anderen Tiere. „Ist es denn niemals ruhig im Wald?"

KOHL VERLAG Orff-Instrumente – Eine kleine Waldmusik – Bestell-Nr. 13 078

1 Eine kleine Waldmusik

Die Hummel seufzt unzufrieden. „Diese Vögel sind wie ein Wecker, der jeden Morgen viel zu früh klingelt."

Doch schon kurze Zeit später ist auch die Hummel hellwach und fliegt mit lautem Summen von einer bunten Blüte zur anderen.

„Nicht schon wieder dieser Lärm!", ärgern sich die anderen Tiere. „Ist es denn niemals ruhig im Wald?"

Nur einem Tier ist es immer noch nicht laut genug. Ein lautes IA erklingt von der Wiese am Waldesrand. Der Esel scheint schon aufgewacht zu sein.

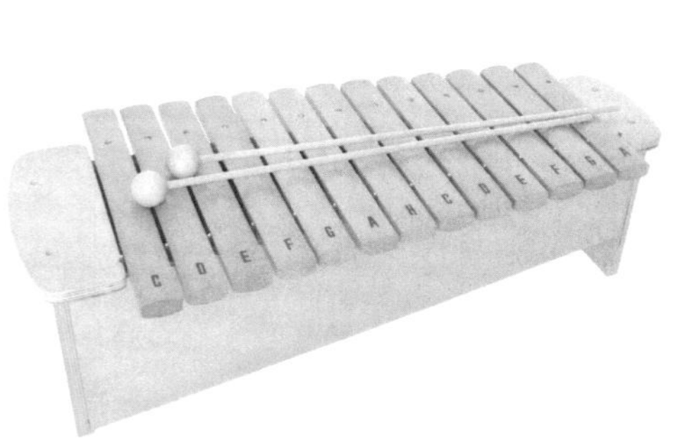

„Nicht schon wieder dieser Lärm!", ärgern sich die anderen Tiere. „Ist es denn niemals ruhig im Wald?"

KOHL VERLAG Orff-Instrumente – Eine kleine Waldmusik – Bestell-Nr. 13 078

1 Eine kleine Waldmusik

Die lauten Eselschreie hallen über die Weide und durch den ganzen Wald. Erschrocken zieht das Eichhörnchen seinen buschigen Schwanz ein. Ist die Nacht etwa schon vorbei? Gähnend reckt und streckt es sich, bevor es loshuscht, um nach Nüssen und Eicheln zu suchen.

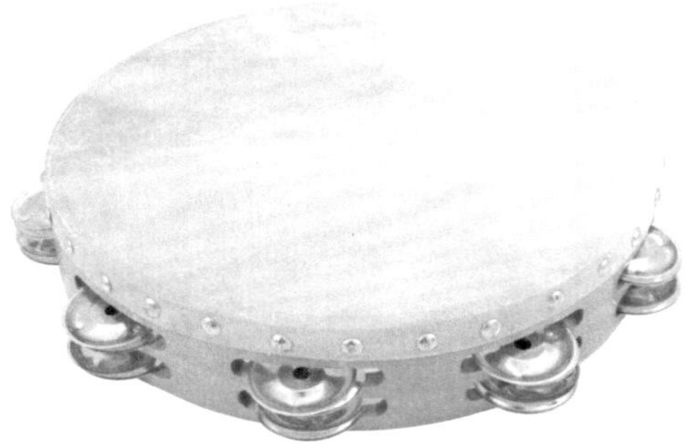

„Nicht schon wieder dieser Lärm!", ärgern sich die anderen Tiere. „Ist es denn niemals ruhig im Wald?"

Schon bald knabbert das Eichhörnchen leise an einer Nuss. Trotzdem bleibt es nicht lange ruhig. Aus der Ferne ist ein lautes Klopfen zu hören. Neugierig huscht das Eichhörnchen dem Geräusch nach und hüpft mit weiten Sprüngen von Ast zu Ast. Das Klopfen wird lauter und lauter, je näher das Eichhörnchen kommt. „Ein Specht!", stellt es schließlich fest.

„Nicht schon wieder dieser Lärm!", ärgern sich auch die anderen Tiere. „Ist es denn niemals ruhig im Wald?"

KOHL VERLAG Orff-Instrumente – Eine kleine Waldmusik – Bestell-Nr. 13 078

1 Eine kleine Waldmusik

Das Klopfen des Spechts ist tatsächlich überall im Wald laut zu hören. Die Tiere entfernen sich möglichst weit von ihm. Doch Ruhe finden sie trotzdem nicht. Schon bald treffen sie auf eine Grille, die leise vor sich hin zirpt.

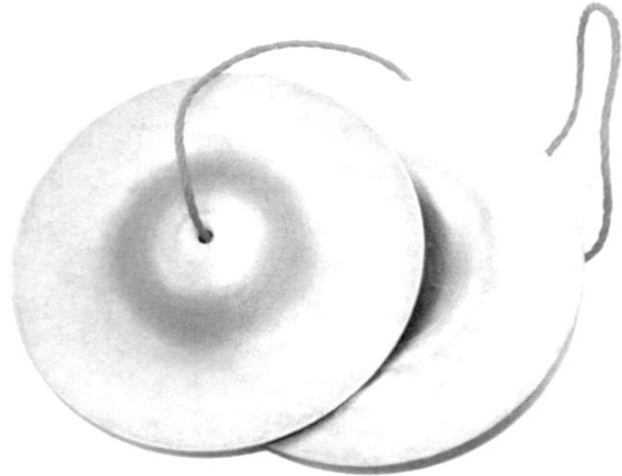

„Nicht schon wieder dieser Lärm!", ärgern sich die anderen Tiere. „Ist es denn niemals ruhig im Wald?"

Eigentlich klingt die Musik der Grille sehr schön, doch mittlerweile brauchen alle dringend etwas Ruhe. Vor allem das Reh ist mit seiner Geduld am Ende. „Die Tiere sind so laut, dass man hier im Wald nie das Rauschen des Windes in den Baumkronen oder das Rascheln der Blätter auf dem Boden hören kann", beschwert es sich.

Mittlerweile wird es schon wieder dunkel und die Tiere, die normalerweise tagsüber ruhen, reiben sich unausgeschlafen die Augen. Auch das Reh ist noch müde. Trotzdem beginnt es zum Wachwerden mit dem abendlichen Joggen nach dem Aufwachen und springt ausgelassen durch den Wald.

„Nicht schon wieder dieser Lärm!", ärgern sich die anderen Tiere. „Ist es denn niemals ruhig im Wald?"

KOHL VERLAG Orff-Instrumente – Eine kleine Waldmusik – Bestell-Nr. 13 078

1 Eine kleine Waldmusik

Auch die Maus lugt aus ihrer Höhle heraus und reibt sich verschlafen die Augen. „Schon wieder aufstehen!", gähnt sie und huscht piepsend durch das Unterholz.

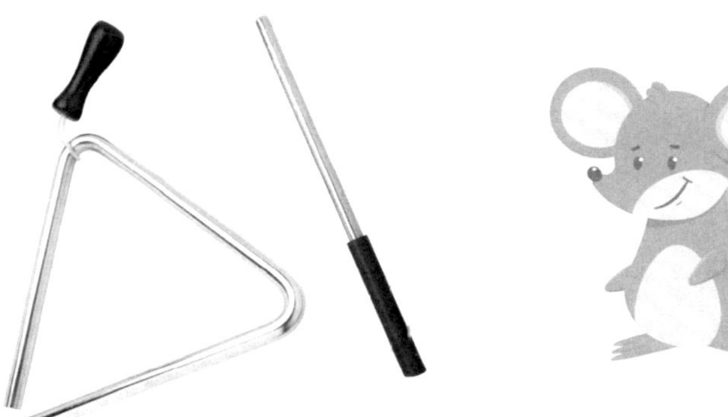

„Nicht schon wieder dieser Lärm!", ärgern sich die anderen Tiere. „Ist es denn niemals ruhig im Wald?"

Erst als die Maus laute stampfende Schritte hört, die auf sie zukommen, unterbricht sie ihr Gepiepse. Zwischen den Büschen zeigt sich ein dunkelbraunes weiches Fell. Ein Bär kommt brummend mit lautem Stampfen näher.

„Nicht schon wieder dieser Lärm!", ärgern sich die anderen Tiere. „Ist es denn niemals ruhig im Wald?"

KOHL VERLAG Orff-Instrumente - Eine kleine Waldmusik – Bestell-Nr. 13 078

1 Eine kleine Waldmusik

Ängstlich verschwindet die Maus wieder in ihrer sicheren Höhle und lugt vorsichtig aus dem Eingang heraus. Sie lauscht. Ist der Bär verschwunden? Die Schritte sind nicht mehr zu hören. Stattdessen erklingt aber ein lauter Gesang, der aus der Richtung des Teiches kommt. Die Frösche geben ein Froschkonzert.

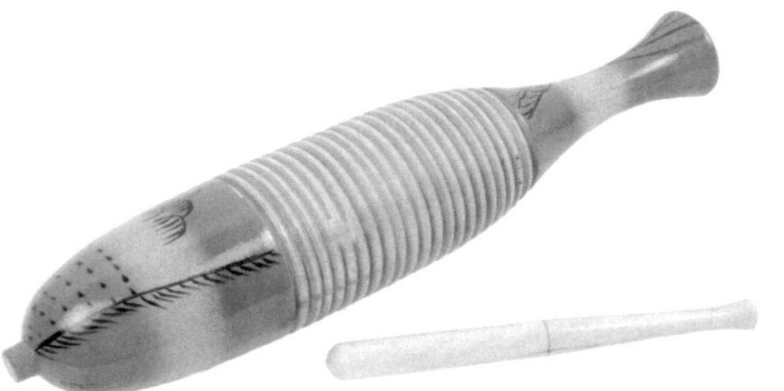

„Nicht schon wieder dieser Lärm!", ärgern sich die anderen Tiere. „Ist es denn niemals ruhig im Wald?"

Die Maus hält sich verärgert ihre kleinen Ohren zu. „Wenn die Nacht schon so beginnt", piepst sie unzufrieden. Dabei sind die Frösche für sie nicht gefährlich. Als sie ihre Höhle wieder verlässt, sieht sie sich überrascht um. Denn plötzlich erklingt neben dem Froschgesang noch ein anderes Geräusch.
Ein leises Wühlen ganz aus der Nähe. „Ein Wildschwein!", flüstert sie.

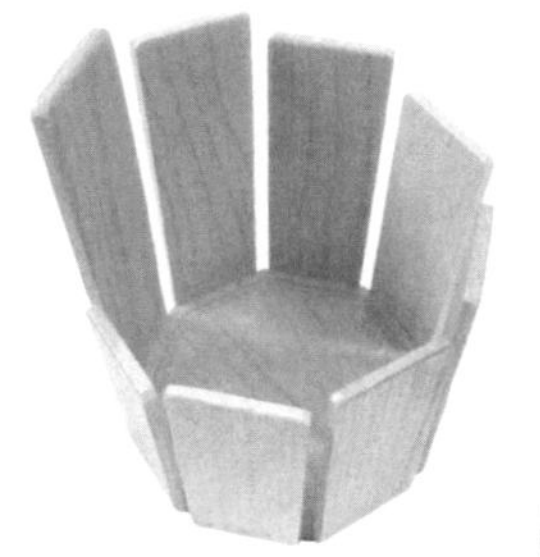

„Nicht schon wieder dieser Lärm!", ärgern sich die anderen Tiere. „Ist es denn niemals ruhig im Wald?"

KOHL VERLAG Orff-Instrumente – Eine kleine Waldmusik – Bestell-Nr. 13 078

1 Eine kleine Waldmusik

Zum Glück hat das Wildschwein die kleine Maus noch nicht entdeckt. Vorsichtig schleicht sie sich davon und steht plötzlich vor einem anderen Tier, das kurze quakende Laute von sich gibt.

„Nicht schon wieder dieser Lärm!", ärgern sich die anderen Tiere. „Ist es denn niemals ruhig im Wald?"

Die Eule öffnet verschlafen ein Auge. „Ich habe den ganzen Tag nicht geschlafen", schimpft sie. „Und auch jetzt in der Abenddämmerung ist es immer noch laut im Wald. Wir stören uns immer gegenseitig. Irgend jemand ist immer laut." Alle Tiere sind sich einig, dass es so nicht weitergehen kann. „Wir wollen uns ungestört ausruhen können", fordern viele Tiere. „Aber wir wollen weiterhin singen", bemerken die Vögel und die Frösche. Auch der Specht ist beleidigt und kann sich nicht vorstellen sein Klopfen ganz einzustellen. Die Hummel summt so gerne beim Fliegen und die Grille befürchtet, dass sie es niemals schaffen wird, immer leise zu sein.

Trotz der Müdigkeit hat die Eule einen guten Vorschlag. „Auch wenn sich jeder von uns ab und zu nach Ruhe sehnt, ist es doch eigentlich schön, dass in unserem Wald so viele unterschiedliche wunderschöne Geräusche erklingen. Was haltet ihr davon, wenn wir uns immer morgens zur Dämmerung und abends bei Einbruch der Dunkelheit auf der Lichtung treffen, um gemeinsam Musik zu machen."

1 Eine kleine Waldmusik

Die Idee der weisen Eule hat sich schnell im ganzen Wald herumgesprochen. Langsam füllt sich die Lichtung mit den Tieren des Waldes. Der Chor der Vögel und der Chor der Frösche stehen bereits bereit und singen zweistimmig. Zwischendurch erklingt piepsend ein Mäusesolo. Dazu zirpen die Grillen, die Hummeln summen und die Bären brummen und stampfen mit ihren Beinen im Takt auf. Auch der Specht gibt den Takt an und hämmert lautstark gegen den Baum, der mitten auf der Lichtung steht. Der Esel wirft hin und wieder ein lautes IA ein und die Kröte quakt einen wiederkehrenden Rhythmus. Dazu tanzen die Eichhörnchen und die Rehe. Um die Bühne zu markieren wühlt das Wildschwein geräuschvoll im Boden und untermalt damit die wunderbare Waldmusik. Lange musizieren und tanzen die Tiere miteinander. Zum Abschluss tritt das Ballett der Schmetterlinge und der Glühwürmchen auf. Die musikalische Begleitung der Waldtiere erklingt wunderschön im ganzen Wald. Und obwohl es mal wieder sehr laut ist, stört es diesmal niemanden. Schließlich beendet die Eule das Konzert mit einem lauten Schuhu. Die Tiere schweigen zufrieden und lauschen dem Wind, der durch die Blätter in den Baumwipfeln rauscht. Das war eine wunderschöne erste gemeinsame Waldmusik.

KOHL VERLAG Orff-Instrumente – Eine kleine Waldmusik – Bestell-Nr. 13 078

1 Orff-Musikstück „Eine kleine Waldmusik"

Instrument	Takt 1	Takt 2
Klanghölzer (Specht), Djembe (Bär)		
Triangel (Maus)		
Rassel (Hummel)		
Zymbeln (Grille)		
Kastagnetten (Kröte)		
Pfeife (Eule)		
Xylophon (Esel)		
Guiro (Frosch)		
Flöte (Vogel)		

Mit Schellenring (Reh), Tamburin (Eichhörnchen) und Rührtrommel (Wildschwein) wird dazu ein leiser Klangteppich erzeugt.

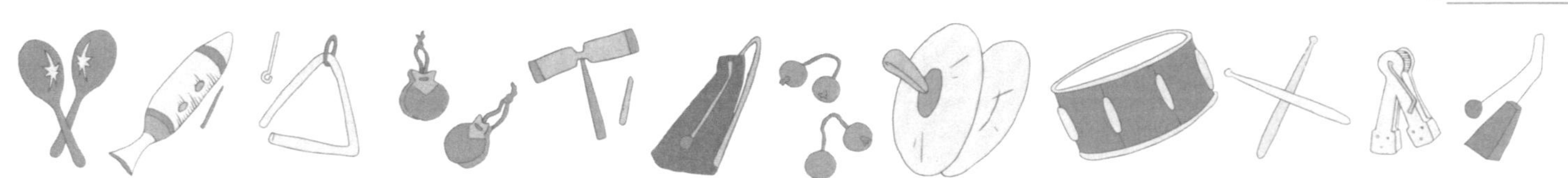

2 Aufgabenteil 1 – Bildkarten

2 Aufgabenteil 1 – Dominospiel

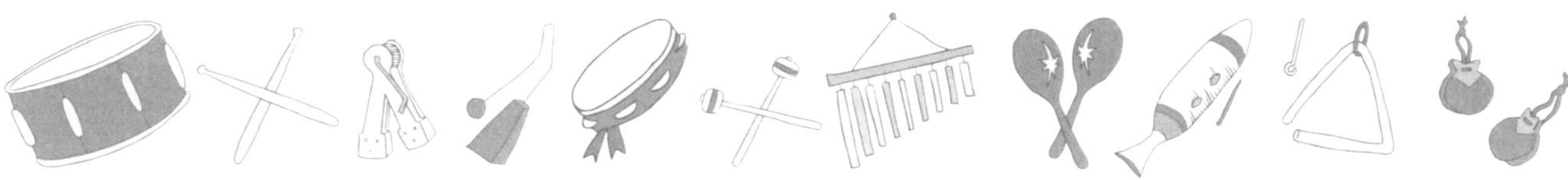

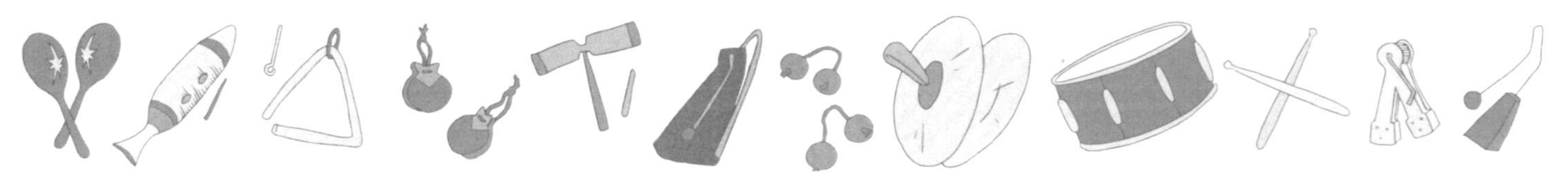

2 Aufgabenteil 1 – Tierische Musiker

Aufgabe 1: *Ordne den Tieren (links) die passenden Instrumente (rechts) zu. Es ergibt sich eine Lösung.*

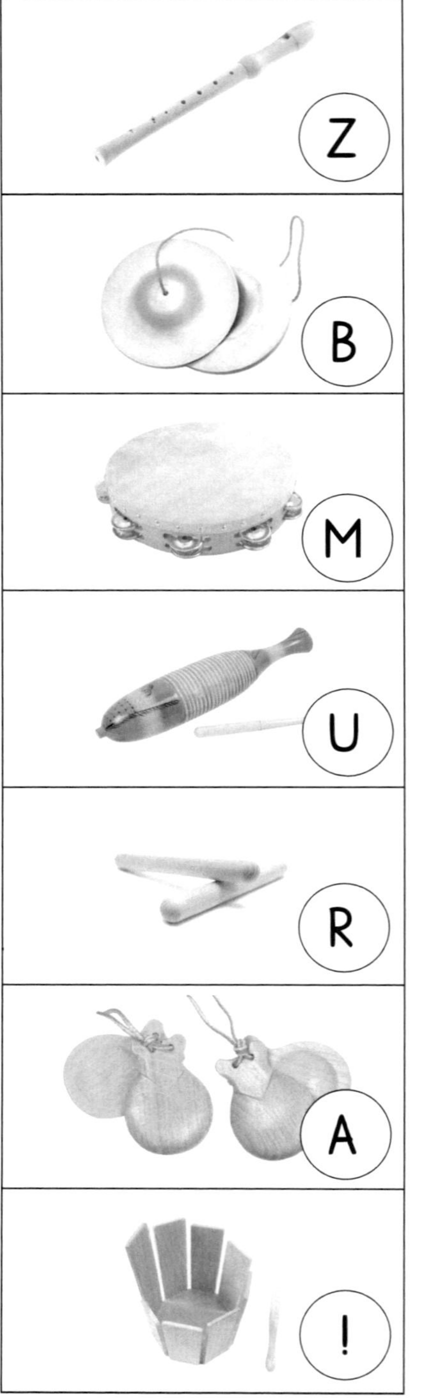

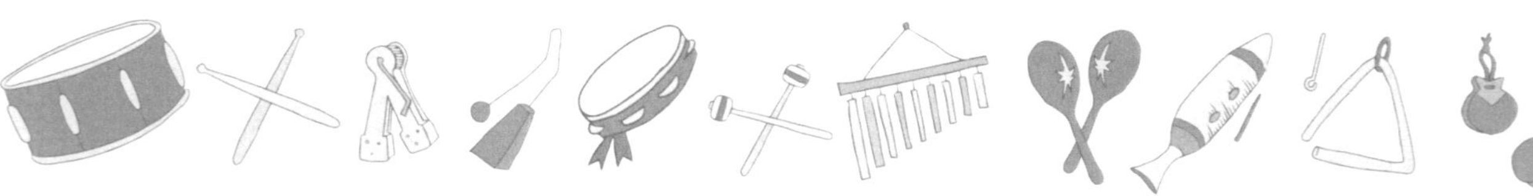

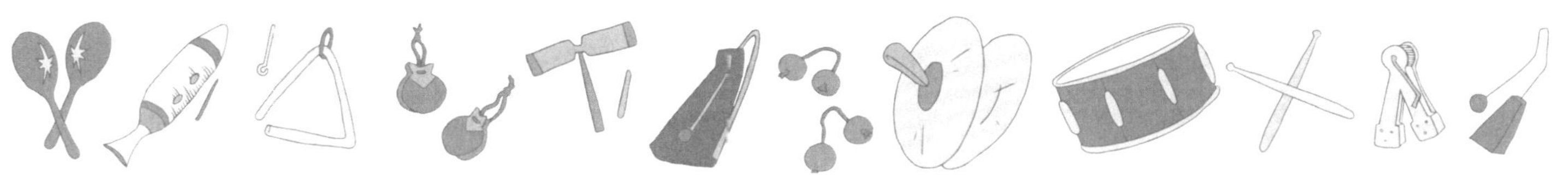

2 Aufgabenteil 1 – Tierische Musiker

<u>Aufgabe 1</u>: *Ordne den Tieren (links) die passenden Instrumente (rechts) zu. Es ergibt sich eine Lösung.*

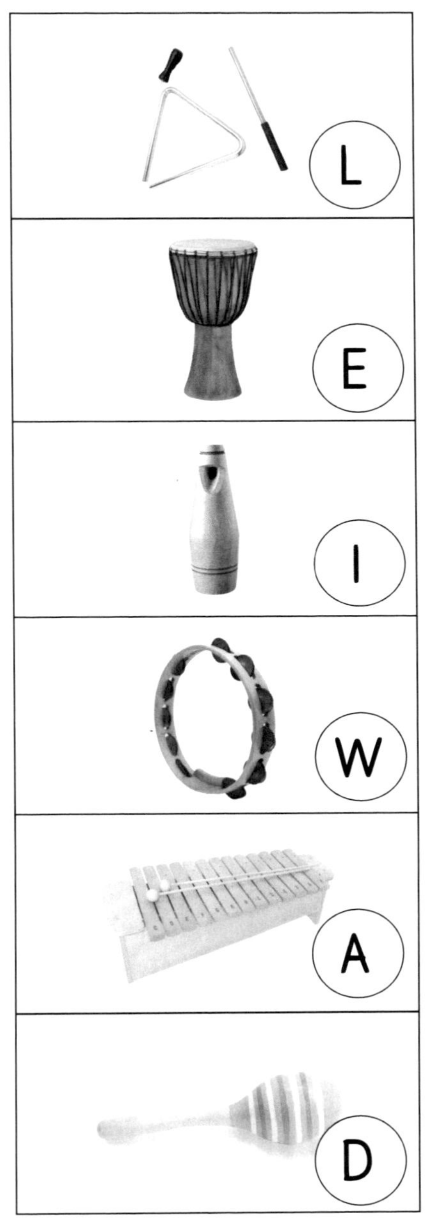

Lösung: ______________________________

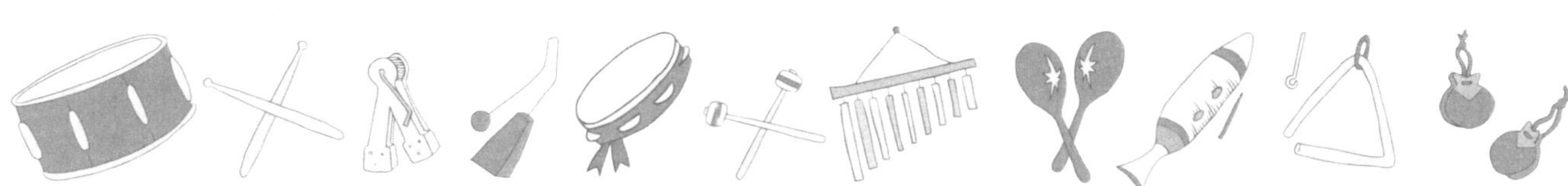

KOHL VERLAG Orff-Instrumente – Eine kleine Waldmusik – Bestell-Nr. 13 078

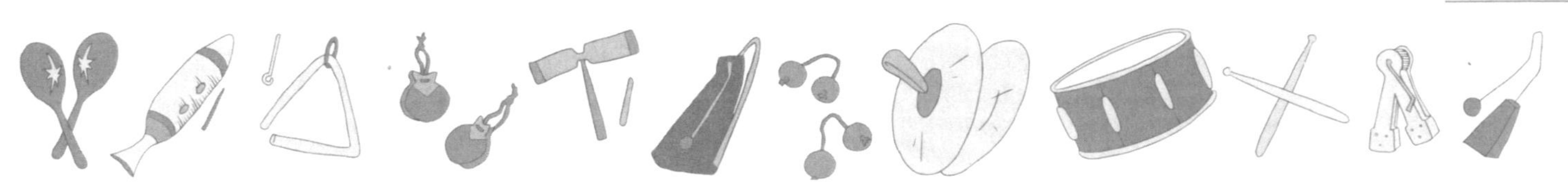

2 Aufgabenteil 1 – Rhythmusstück 1

Die klei-ne Wald-mu- sik er-klingt. Oh, wie schön der Vo-gel singt.

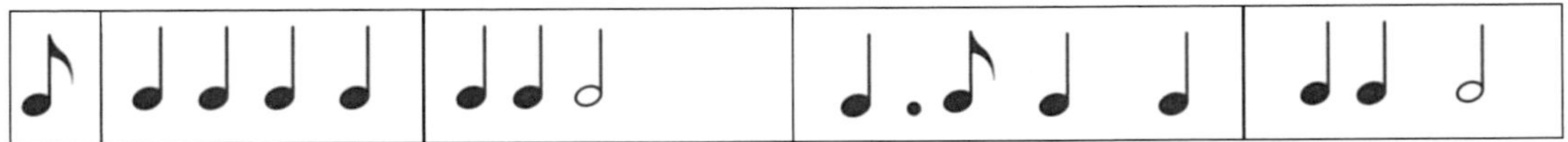

Al-le Tie-re ma-chen mit, spie-len die-ses schö-ne Stück.

Rhythmusstück 2

Tock, Pieps, Brumm, IA, quak, die Waldmusik klingt wirklich stark.

SSS, SSS, SSS und ein Schuhu, hier im Wald gibt's niemals Ruh'.

Rhythmusstück 3

Klatschen, stampfen, Patsch aufs Bein. Mu- sik ist toll, auch ganz allein.

Noch mehr Spaß macht es je- doch, kommen vie-le Freunde noch.

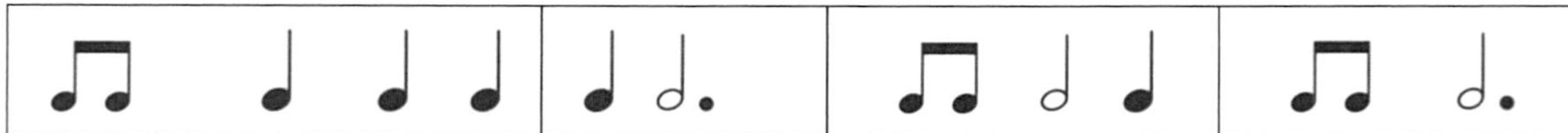

Die Rhythmusstücke 1 und 3 eignen sich für einen Kanon. Dabei setzt jeweils die 2. Gruppe ein, wenn die 1. Gruppe die erste Zeile beendet hat.

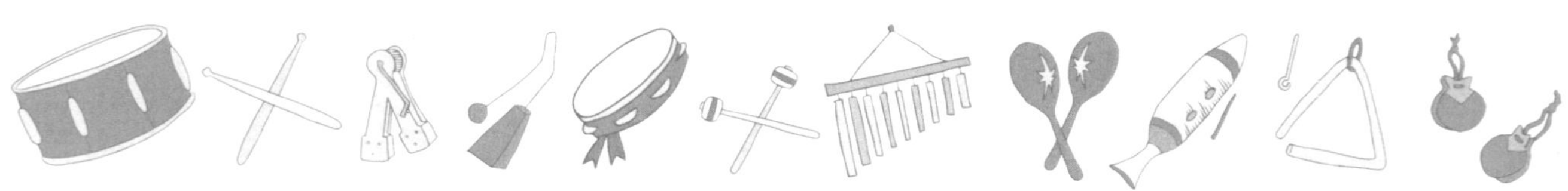

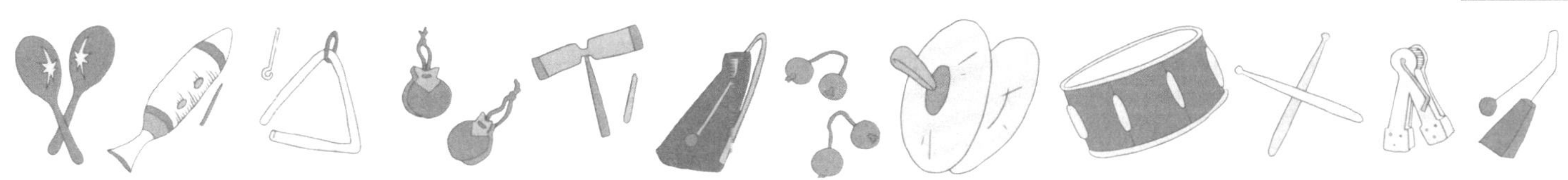

2 Aufgabenteil 1 – Musiktheater „Eine kleine Waldmusik"

Esel reckt und streckt sich: „Ach, was hab ich gut geschlafen!"
Hummel gähnend: „Ist die Nacht etwa schon wieder vorbei?"
Eule kommt angeflattert und setzt sich: „Schuhu, war das eine lange Nacht. Ich bin todmüde. Schuhuuuuuu! Schuhuuuuu!"

Tiere (bis auf die Eule): „Nicht schon wieder dieser Lärm. Ist es denn niemals ruhig im Wald?"
Eule *schließt die Augen:* Ach, allerhöchste Schlafenszeit. Ich bin sooo müde."
Vögel *fliegen um sie herum und singen:* „Guten Morgen, guten Tag, wünsch ich dir, weil ich dich mag! Fröhlich singen wollen wir. Ein Konzert für jedes Tier."

Tiere (bis auf die Vögel): „Nicht schon wieder dieser Lärm. Ist es denn niemals ruhig im Wald?"
Hummel *seufzt unzufrieden:* „Ach, diese Vögel sind wie ein Wecker, der jeden Morgen viel zu früh klingelt." *Die Hummel reckt und streckt sich, bewegt ihre Flügel und fliegt schließlich los.*

Tiere (bis auf die Hummel): „Nicht schon wieder dieser Lärm. Ist es denn niemals ruhig im Wald?"
Esel *kommt singend angetrabt:* „Der Kuckuck und der Esel, die hatten einen Streit, wer wohl am lautesten singe, wer wohl am lautesten singe, ganz klar das bin wohl ich, ganz klar das bin wohl ich: IA, IA, IAAA"

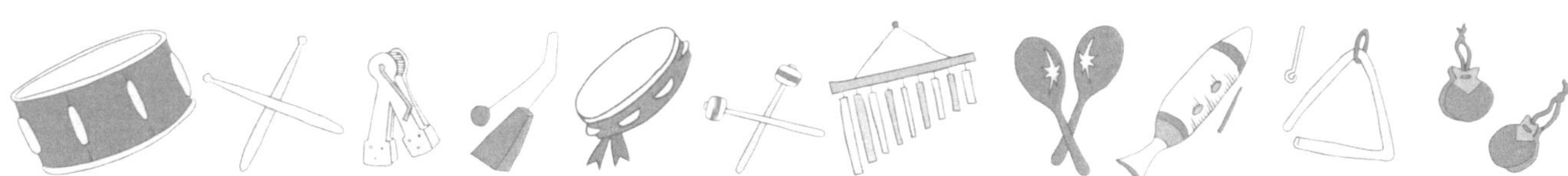

KOHL VERLAG Orff-Instrumente – Eine kleine Waldmusik – Bestell-Nr. 13 078

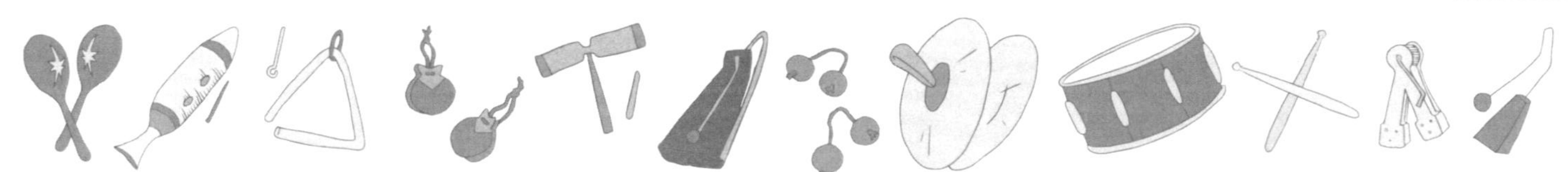

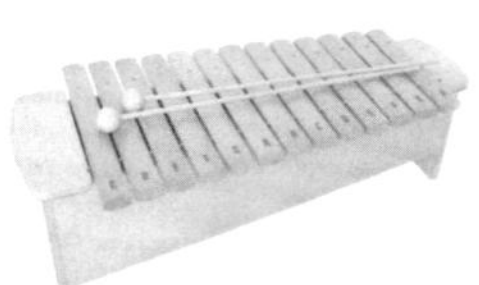

Tiere (bis auf den Esel): „Nicht schon wieder dieser Lärm. Ist es denn niemals ruhig im Wald?"
Eichhörnchen *zuckt erschrocken zusammen:* „Ist die Nacht etwa schon vorbei? Irgendetwas lautes hat mich gerade geweckt. Ich habe wahnsinnigen Hunger. Am besten mache ich mich sofort auf die Suche nach Nüssen und Eicheln, zum Frühstück." *Das Eichhörnchen huscht suchend los.*

Tiere (bis auf das Eichörnchen): „Nicht schon wieder dieser Lärm. Ist es denn niemals ruhig im Wald?"
Während das Eichhörnchen an einer Nuss knabbert, erklingt ein Klopfen. Es sieht sich um.

Eichhörnchen: „Was ist denn das? Wo kommt dieses merkwürdige Geräusch her?"
Eichhörnchen nach dem Suchen: „Hab ich's mir doch gedacht. Ein Specht!"
Tiere (bis auf den Specht): „Nicht schon wieder dieser Lärm. Ist es denn niemals ruhig im Wald?"
Hummel: „Das Klopfen ist unerträglich."
Esel: „Kaum auszuhalten ist es. Man hört den Lärm wirklich überall."
Hummel und Esel entfernen sich gemeinsam vom Specht.
Hummel: „Endlich ist es etwas ruhiger."
Esel: „Moment, aber was ist das?" Beide lauschen.
Hummel und Esel *gleichzeitig:* „Oh nein!"

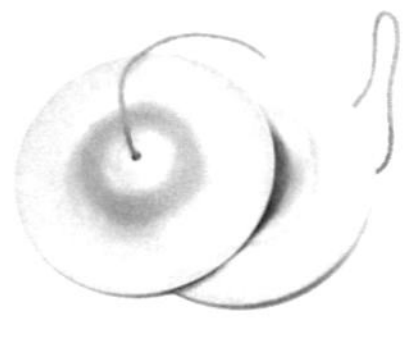

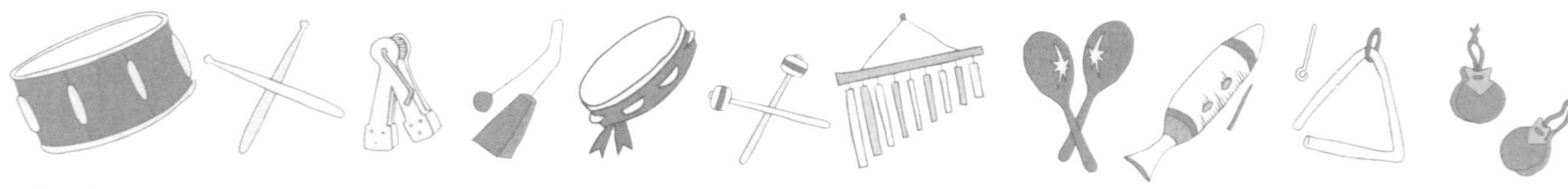

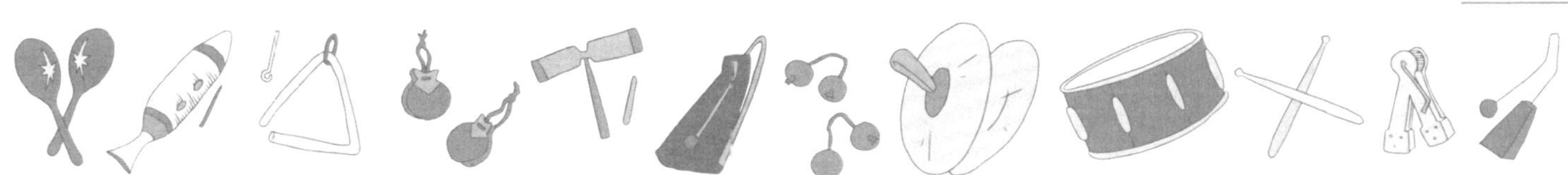

Tiere (bis auf die Grille): „Nicht schon wieder dieser Lärm. Ist es denn niemals ruhig im Wald?"
Hummel: „Liebe Grille! Deine Musik klingt ja wirklich sehr schön. Aber wir brauchen dringend endlich mal Ruhe."
Reh: „Die Tiere sind so laut, dass man hier im Wald nie das Rauschen des Windes in den Baumkronen oder das Rascheln der Blätter auf dem Boden hören kann. Das ist total schade!"
Grille reibt sich die Augen: „Schaut mal. Es wird schon wieder dunkel!"
Hummel *jammernd:* „Der Tag ist schon wieder vorbei und ich hatte keine ruhige Minute.
Reh: „Oh, hallo! Mmmh, also ich habe ganz gut geschlafen. Es wird Zeit für mein abendliches Jogging-Programm." *Das Reh läuft los.*

Tiere (bis auf das Reh): „Nicht schon wieder dieser Lärm. Ist es denn niemals ruhig im Wald?"
Maus *lugt aus ihrer Höhle heraus und reibt sich verschlafen die Augen: „Schon wieder aufstehen? Es ist ja schon wieder dunkel". Die Maus gähnt und huscht dann durch das Unterholz.*

Tiere (bis auf die Maus): „Nicht schon wieder dieser Lärm. Ist es denn niemals ruhig im Wald?"
Maus *lauschend:* „Was ist denn das? Das klingt ganz schön gefährlich. Ich sollte mich lieber verstecken. Oje! Ein Bär!"

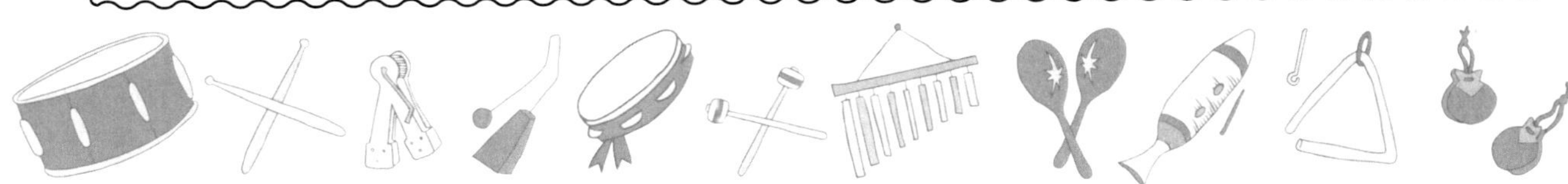

KOHL VERLAG Orff-Instrumente – Eine kleine Waldmusik – Bestell-Nr. 13 078

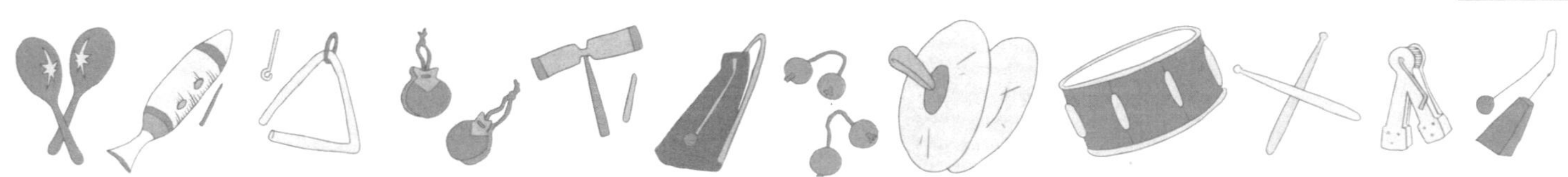

Tiere (bis auf den Bären): „Nicht schon wieder dieser Lärm. Ist es denn niemals ruhig im Wald?"
Der Bär stapft an der Maus vorbei.
Maus: *„Ist er weg? Die Schritte sind nicht mehr zu hören. Aber was ist das?" Die Maus lauscht.*

Grille: „Das sind die Frösche. Das Konzert am See hat begonnen."
Maus: „Wie jeden Abend! Wieso müssen sie denn immer soo laut quaken?"
Tiere (bis auf die Frösche): „Nicht schon wieder dieser Lärm. Ist es denn niemals ruhig im Wald?"
Maus jammernd: „Wenn die Nacht schon so beginnt . ."
Reh: Du hast Recht. Das ist wirklich kein guter Start in die Nacht."
Die Maus huscht weiter und nähert sich dem Wildschwein.
Maus plötzlich erschrocken: „Hilfe! Ein Wildschwein!"

Maus: „Puh, das war ganz schön knapp. Ich habe wahnsinnige Angst vor Wildschweinen. Da sind mir sogar die quakenden Frösche noch lieber. Ich schleiche mich lieber unbemerkt davon."
Reh: „Also ich finde das Wildschwein auch ganz schön laut."
Tiere (bis auf das Wildschwein) *nickend:* „Nicht schon wieder dieser Lärm. Ist es denn niemals ruhig im Wald?"
Die Maus nähert sich unbemerkt der Kröte. Erst als die Maus direkt neben ihr steht, beginnt sie zu quaken.

Maus zuckt erschrocken zusammen: „Oh mein Gott! Hast du mich erschreckt!"
Kröte: „Tut mir leid! Quak, quak"

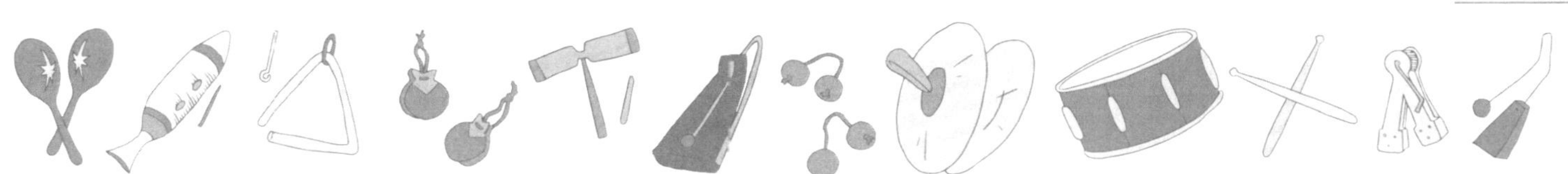

Tiere (bis auf die Kröte): „Nicht schon wieder dieser Lärm. Ist es denn niemals ruhig im Wald?"

Eule öffnet verschlafen ein Auge, schimpfend: „Ich habe den ganzen Tag nicht geschlafen. Und auch jetzt in der Abenddämmerung ist es immer noch laut im Wald. Wir stören uns immer gegenseitig. Irgend jemand ist immer laut."

Reh: „So kann es einfach nicht weitergehen."

Hummel: „Wir wollen uns ungestört ausruhen können!"

Vögel und Frösche: „Aber wir wollen weiterhin singen."

Specht beleidigt: „Erwartet bloß nicht von mir, dass ich nicht mehr klopfe. Das kann ich mir gar nicht vorstellen."

Hummel: „Und ich kann nicht fliegen ohne dabei zu summen."

Grille: Ich werde es auch nicht schaffen immer leise zu sein. Dafür mache ich viel zu gerne Musik."

Eule: „Auch wenn sich jeder von uns ab und zu nach Ruhe sehnt, ist es doch eigentlich schön, dass in unserem Wald so viele unterschiedliche wunderschöne Geräusche erklingen. Was haltet ihr davon, wenn wir uns immer morgens zur Dämmerung und abends bei Einbruch der Dunkelheit auf der Lichtung treffen, um gemeinsam Musik zu machen."

Grille: „Das ist eine tolle Idee!"

Hummel: „Am besten wir sagen sofort allen Bescheid. Es machen bestimmt alle mit."

Die Vögel und die Frösche stellen sich zuerst auf. Die anderen Tiere kommen dazu.

Die Eichhörnchen und die Rehe tanzen. Um die Tiere herum wühlt das Wildschwein geräuschvoll im Boden.

Orff-Musikstück „Eine kleine Waldmusik"

Alle Tiere klatschen.

Eichhörnchen: „Das war zwar mal wieder sehr laut, aber trotzdem total schön.

Reh: „Und Spaß gemacht hat es auch!"

Eule: „Schuhu. Das war eine wunderschöne erste gemeinsame Waldmusik."

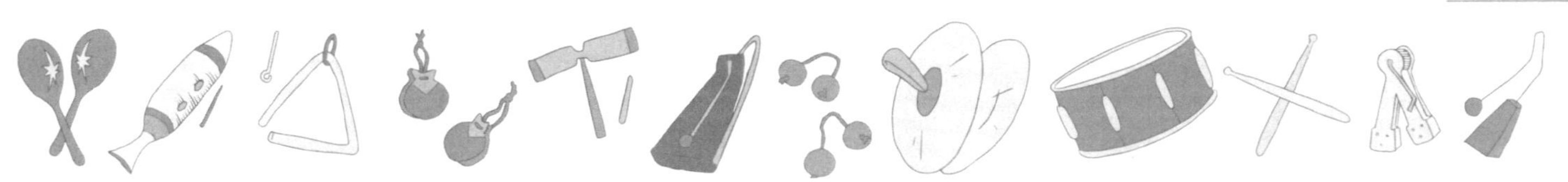

3 Aufgabenteil 2 – Spiele

Aufgabe 1: a) *Hör mal! Gruppenspiel*

Alle Kinder sitzen auf dem Boden im Kreis. In der Mitte liegen verschiedene Orffinstrumente. Von jedem Instrument sind genau zwei vorhanden. Einem Kind werden die Augen verbunden. Die Lehrkraft bestimmt ein Kind, das für sich und für das Kind mit den verbundenen Augen zwei gleiche Instrumente auswählt. Danach werden die anderen Instrumente an die anderen Kinder verteilt.
Nun spielen alle Kinder gleichzeitig auf den Instrumenten. Das Kind mit den verbundenen Augen soll nun den Klang des eigenen Instrumentes erkennen und hören wo es den gleichen Klang noch einmal hört. Wurde der Instrumentenklang erkannt, ist das nächste Kind an der Reihe und bekommt die Augen verbunden.

b) *Hör mal! Partnerspiel*

Die Gruppe wird in Zweiergruppen eingeteilt. Jeweils einem Kind werden die Augen verbunden. Das andere Kind spielt ein Orff-Instrument (z. B. Handtrommel oder Triangel) und bewegt sich dabei langsam durch den Raum. Das Kind mit den verbundenen Augen muss dem Klang des Instrumentes folgen.

c) *Hör mal! Bewegungsspiel*

Jedem Instrument wird eine Bewegung zugeordnet:

z. B. Trommel: in die Knie gehen
Triangel: im Kreis drehen
Klanghölzer: auf einem Bein hüpfen
Xylophon: auf Zehenspitzen stehen / gehen

Wenn die Kinder den Klang eines bestimmten Instrumentes hören, sollen sie mit der entsprechenden Bewegung darauf reagieren. Die Klasse wird folgendermaßen aufgeteilt:

- Mehrere Musiker (die Kinder, die eines der Instrumente (Trommel, Triangel, Klanghölzer, Xylophon) spielen
- Ein Dirigent (zeigt auf das Kind, das gerade spielen soll)
- Tänzer (Kinder, die die Bewegungen – abhängig vom Klang des Instrumentes – ausführen)

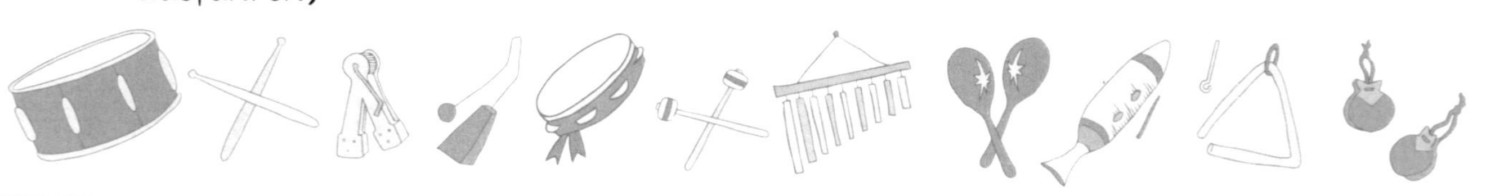

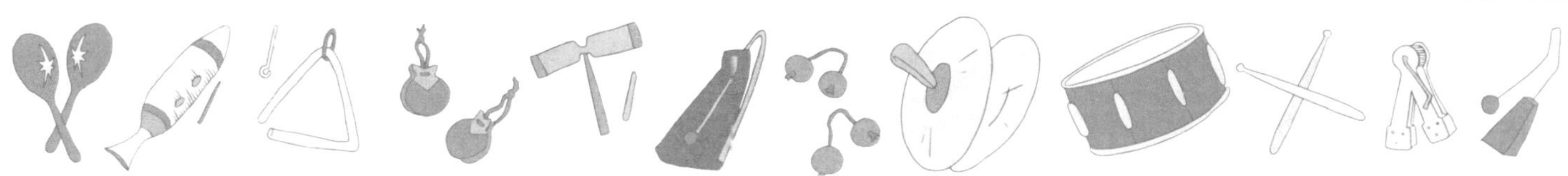

3 Aufgabenteil 2 – Ausmalbild

Aufgabe 2: *Male die folgenden Instrumente in den vorgegebenen Farben an:*

Triangel = blau Guiro = orange Rasseln = gelb Tamburin = lila

Holzröhrentrommel = rot Kastagnetten = grün

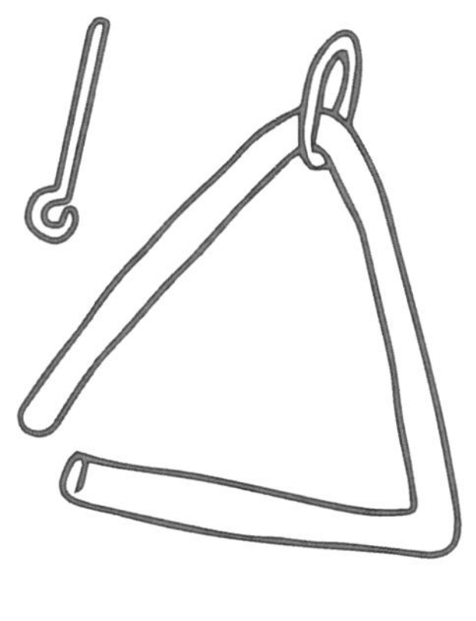

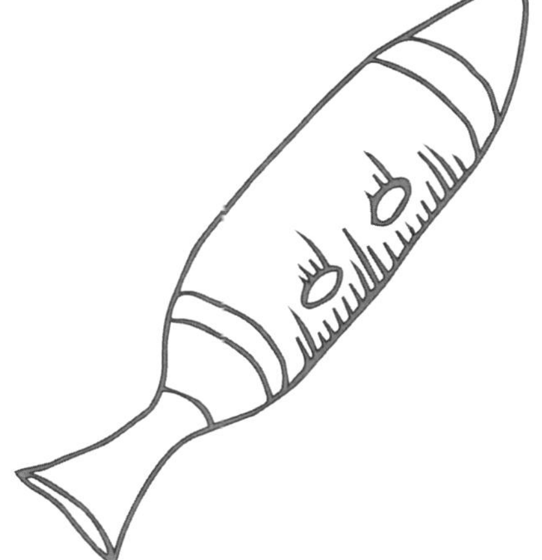

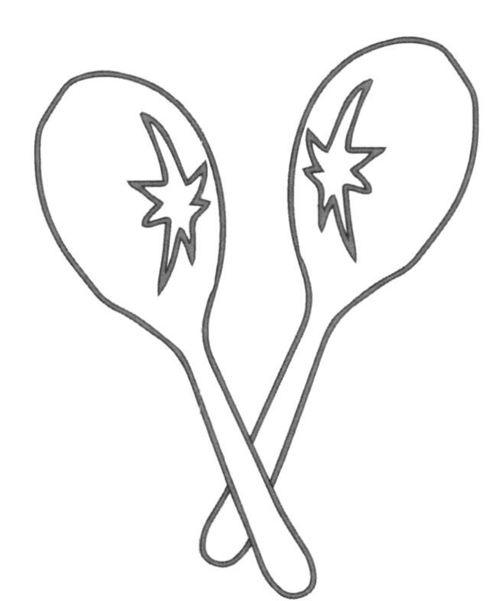

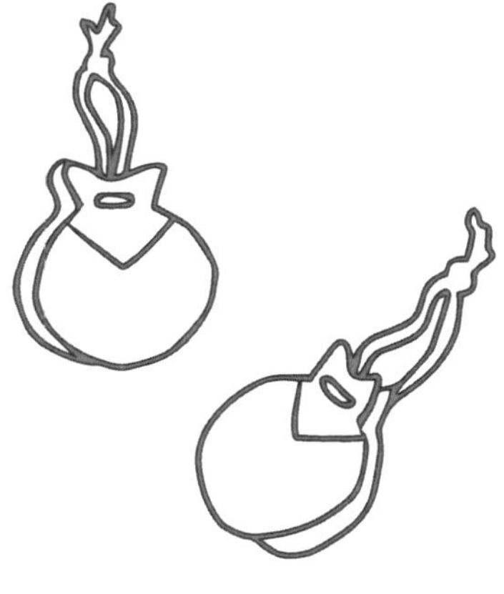

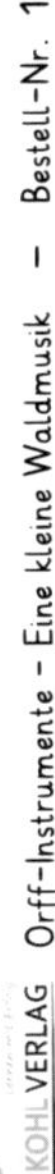

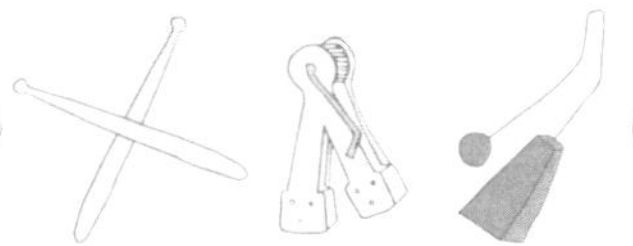

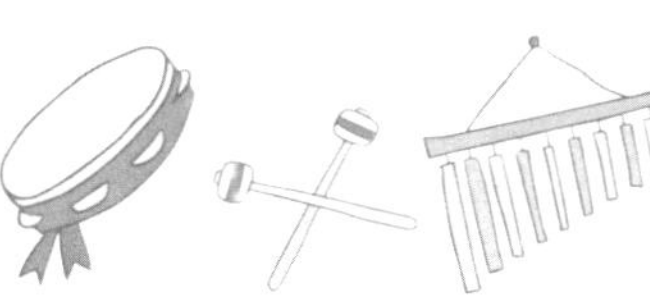

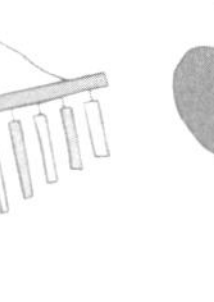

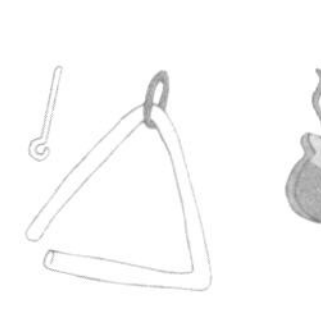

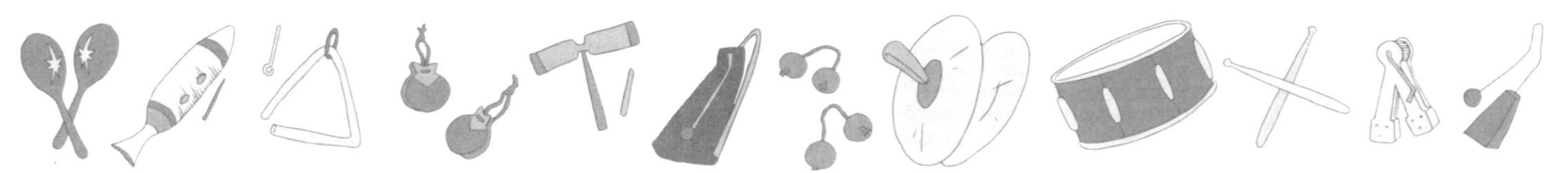

3 Aufgabenteil 2 – Höraufgabe

<u>Aufgabe 3</u>: *Erkennst du die Instrumente am Klang? Lege die Bilder der Instrumente, die du hörst, in der richtigen Reihenfolge in die entsprechenden Felder.*

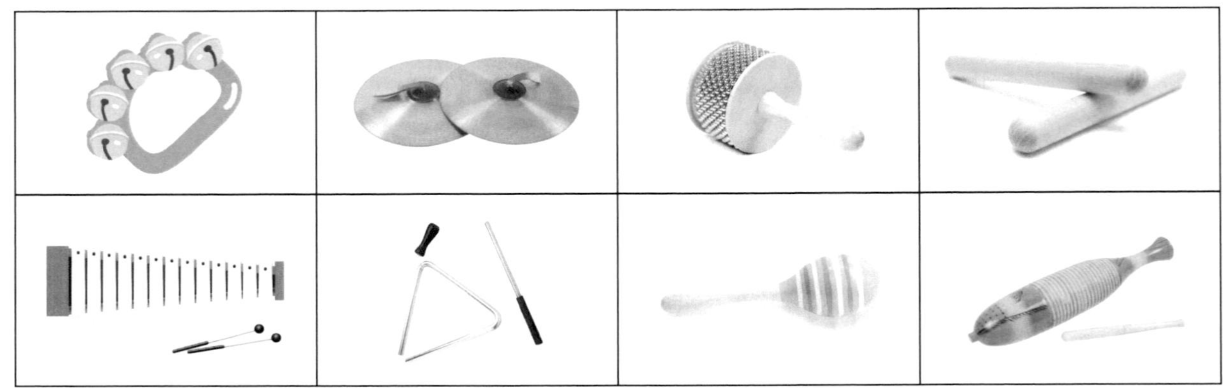

1.	2.	3.	4.

5.	6.	7.	8.

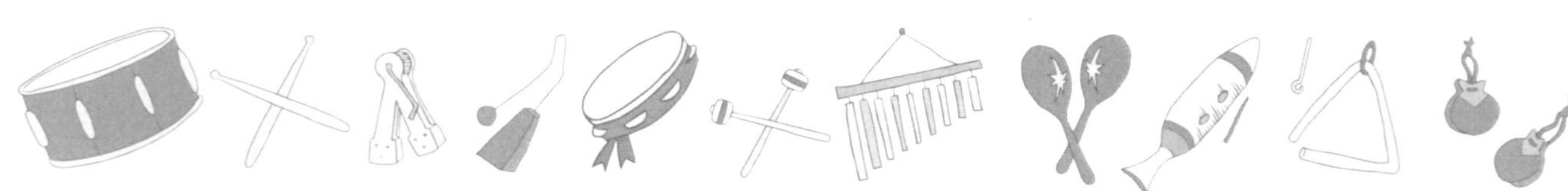

3 Aufgabenteil 2 – Bingo

<u>Aufgabe 4</u>: *Welche Instrumente hörst du? Lege Bildkarten von Instrumenten (siehe S. 14) in die Felder oder trage Instrumentennamen in die Felder ein. Im Anschluss werden Instrumente vorgespielt. Kreuze die Instrumente, die du hörst, auf deinem Spielfeld an oder lege auf das Feld kleine Spielsteine. Wer zuerst vier Felder in einer Reihe (waagerecht, senkrecht oder diagonal) bekommen hat, hat gewonnen und ruft laut „Bingo"!*

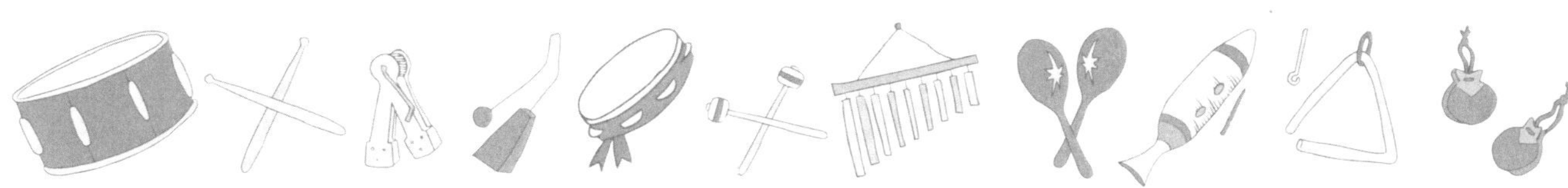

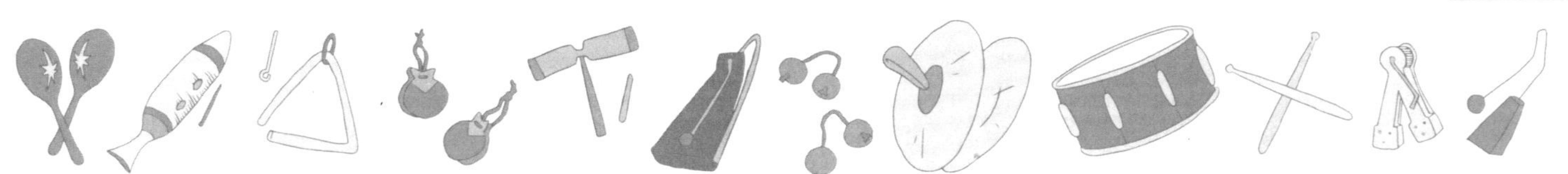

3 Aufgabenteil 2 – Instrumentensudoku

Aufgabe 5:

Fülle die Felder so aus, dass in jeder Reihe, in jeder Spalte und in jedem kleinen Quadrat jedes Instrument genau einmal vorhanden ist.

Sudoku 1

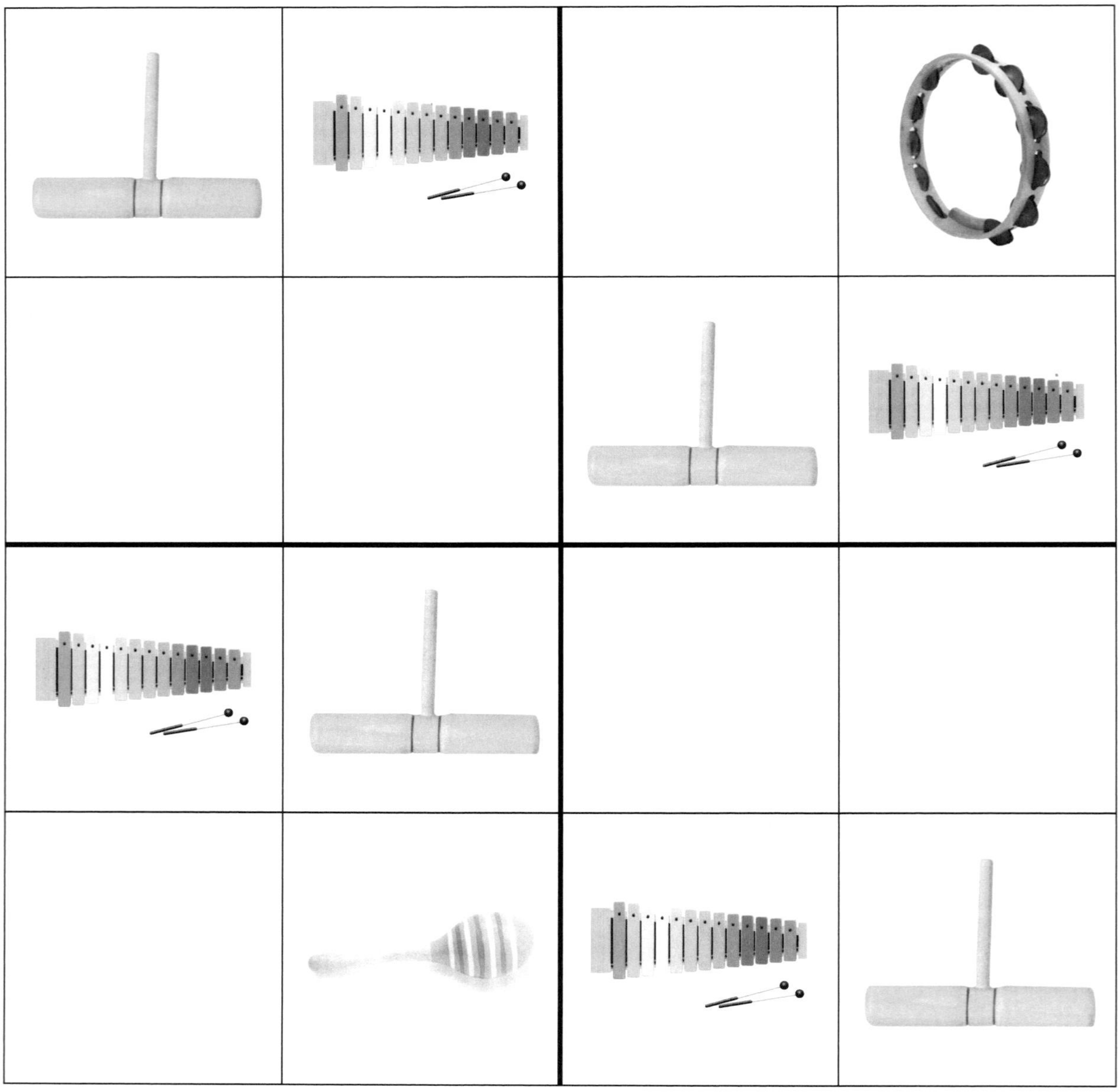

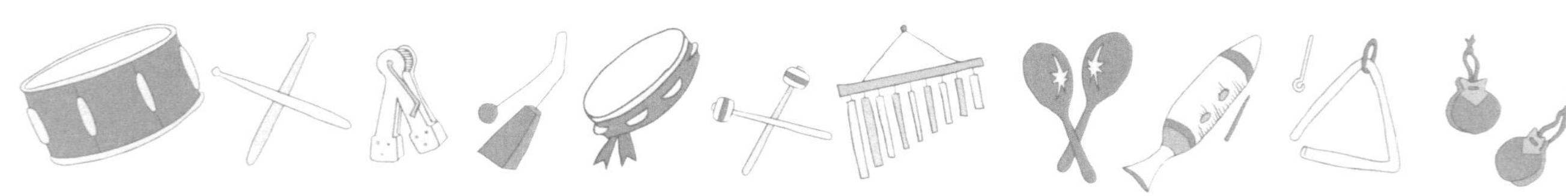

KOHL VERLAG Orff-Instrumente - Eine kleine Waldmusik – Bestell-Nr. 13 078

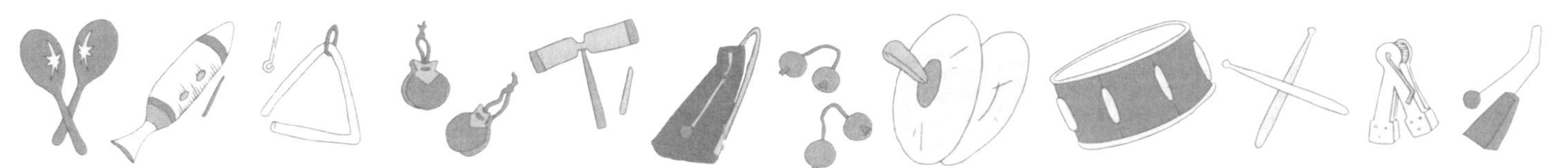

Sudoku 2

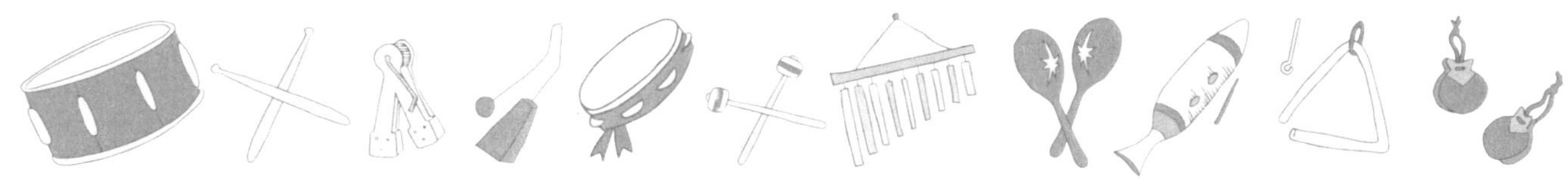

KOHL VERLAG Orff-Instrumente - Eine kleine Waldmusik – Bestell-Nr. 13 078

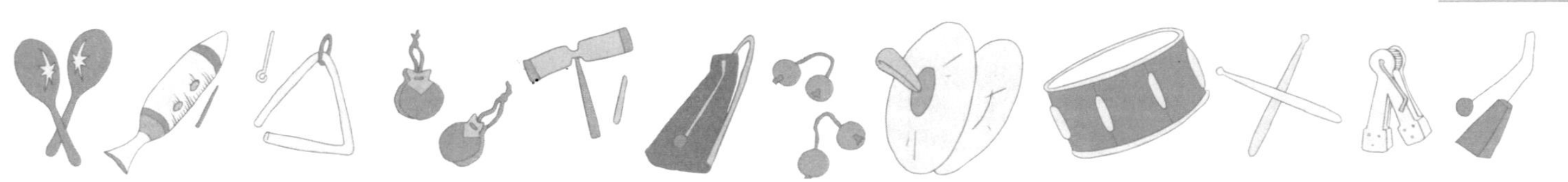

3 Aufgabenteil 2 – Kreuzworträtsel

Aufgabe 6: *Trage die Namen der Instrumente (s. 31) ein und finde die Berufsbezeichnung von Carl Orff. Beachte Ö = Ö.*

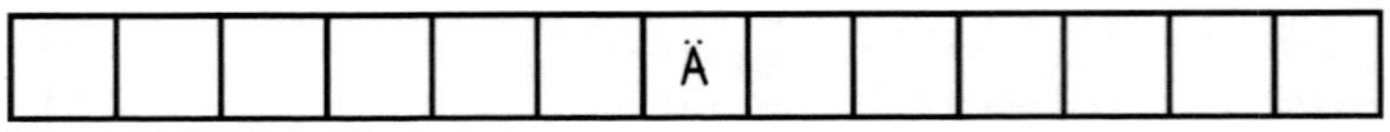

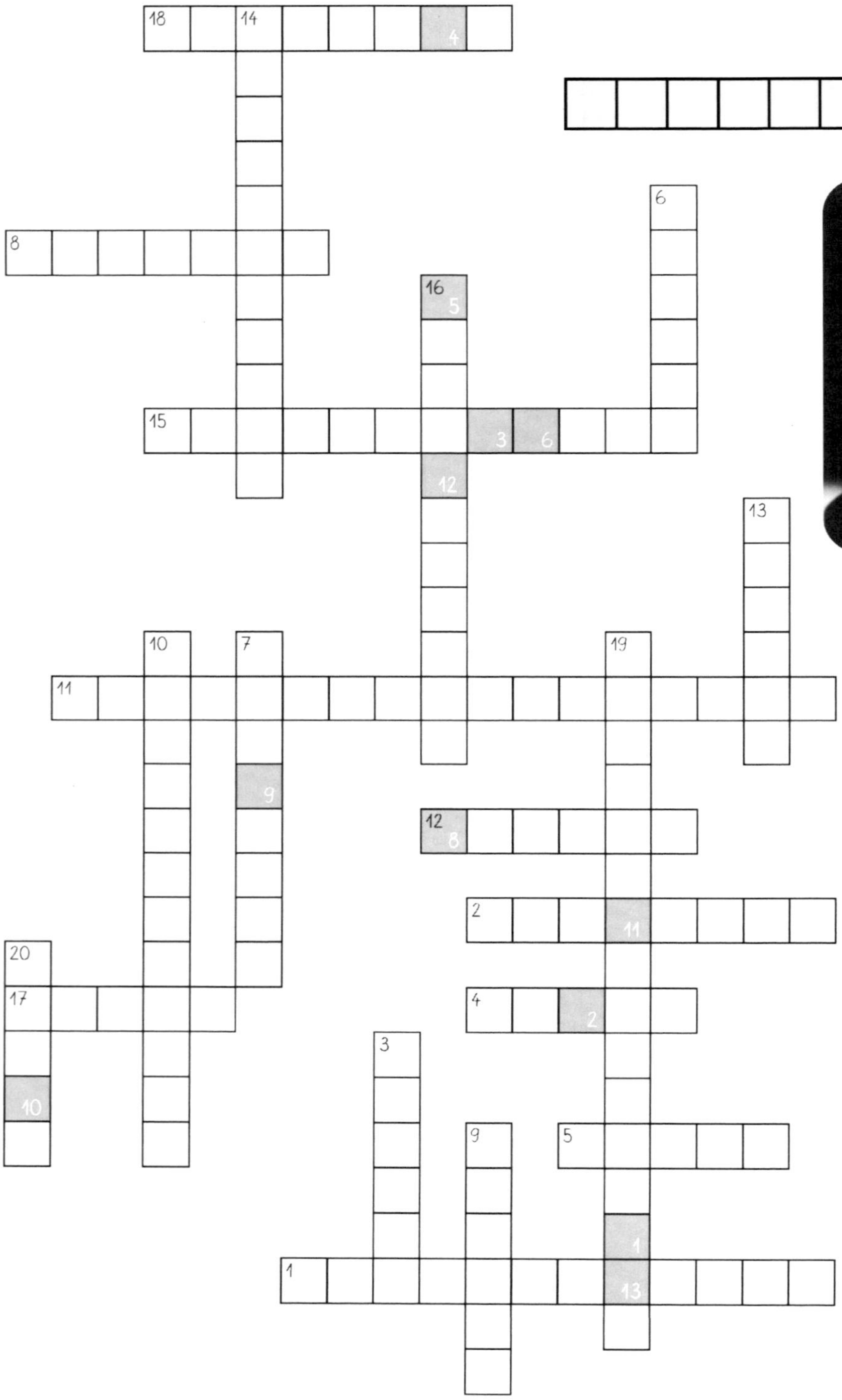

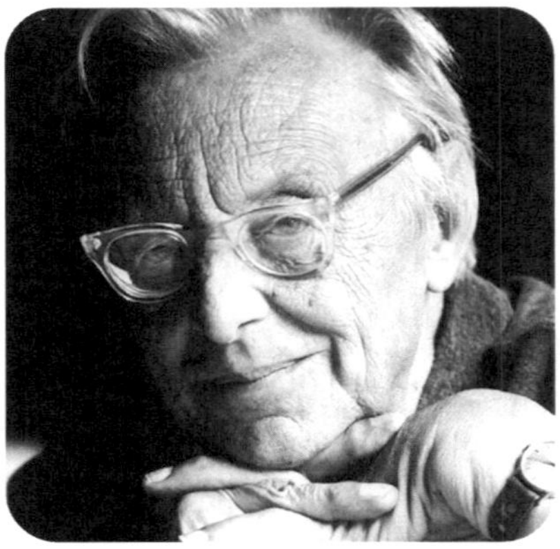

Carl Orff (1895 - 1982)

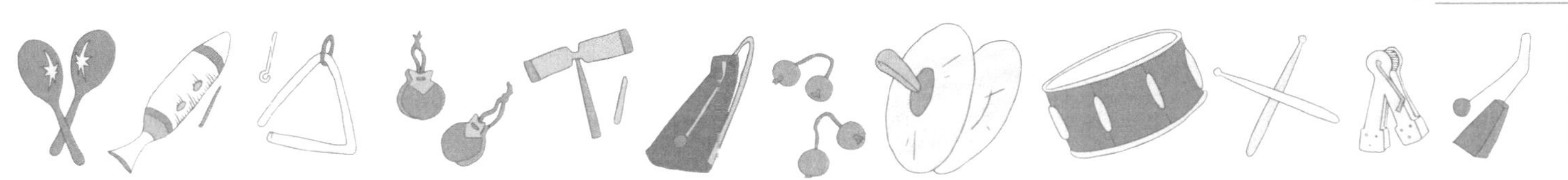

1. 
2. 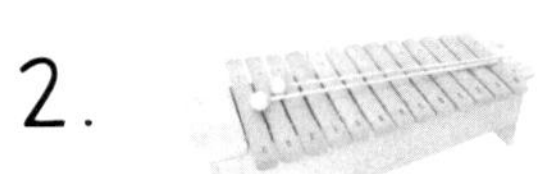
3. 
4. 
5. 
6. 
7. 
8. 
9. 
10. 
11. 
12. 
13. 
14. 
15. 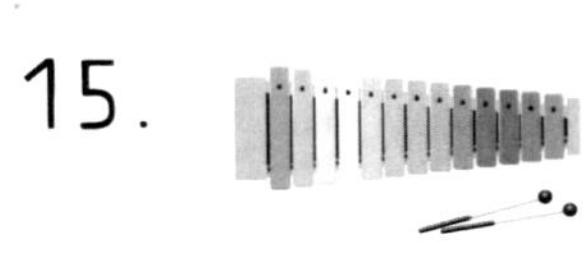
16. 
17. 
18. 
19. 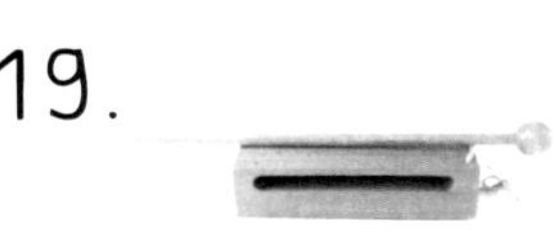
20. 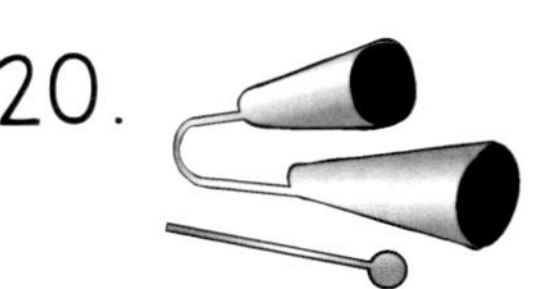

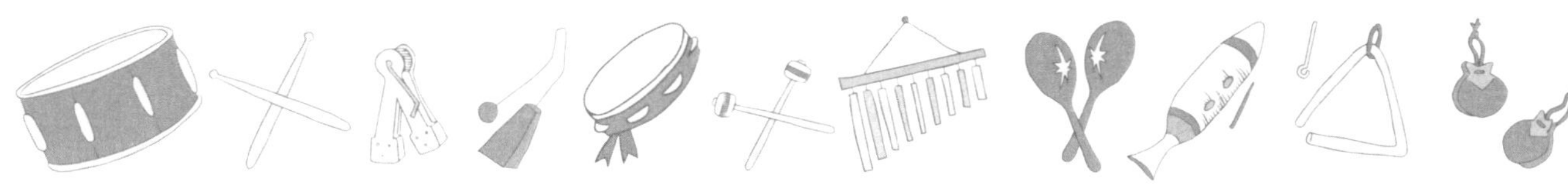

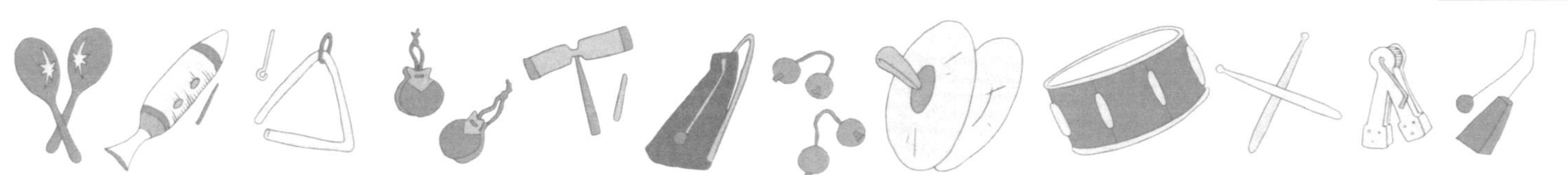

3 Aufgabenteil 2 – Instrumentensuche

<u>Aufgabe 7</u>: *Hilf im Musikgeschäft beim Einräumen der Regale. Denn dort fehlen noch Instrumente. In allen Regalen sollen sich die selben Instrumente befinden. Ergänze! Achte darauf, dass alle Regale den gleichen Inhalt haben wie das erste Regal.*

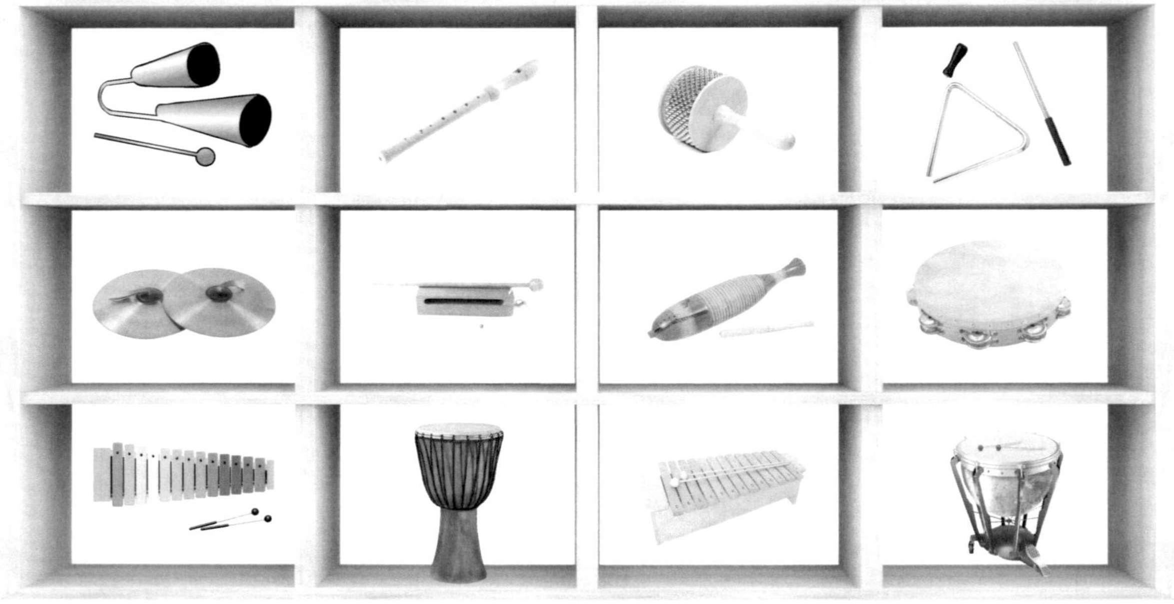

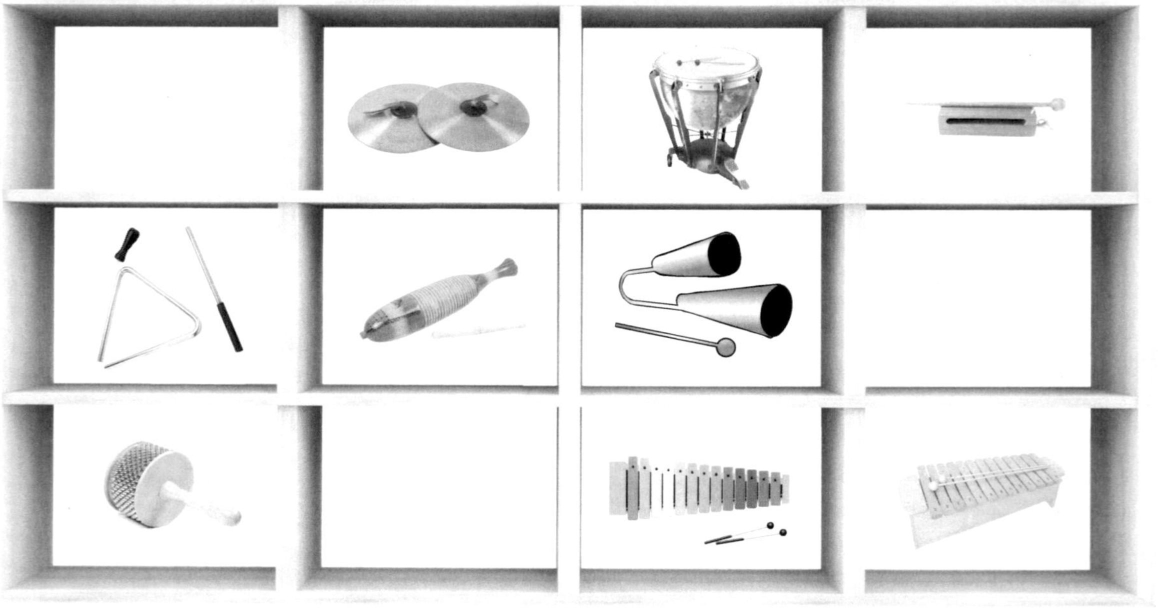

KOHL VERLAG Orff-Instrumente – Eine kleine Waldmusik – Bestell-Nr. 13 078

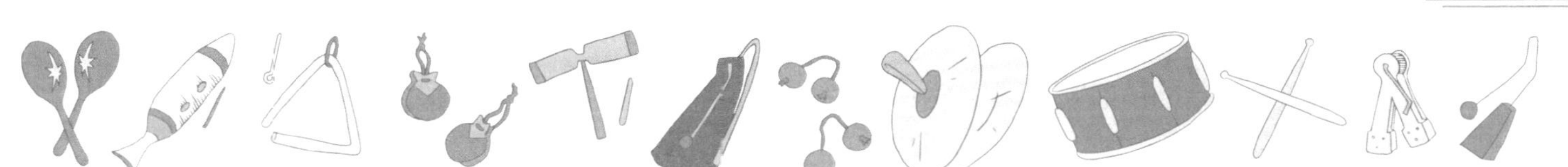

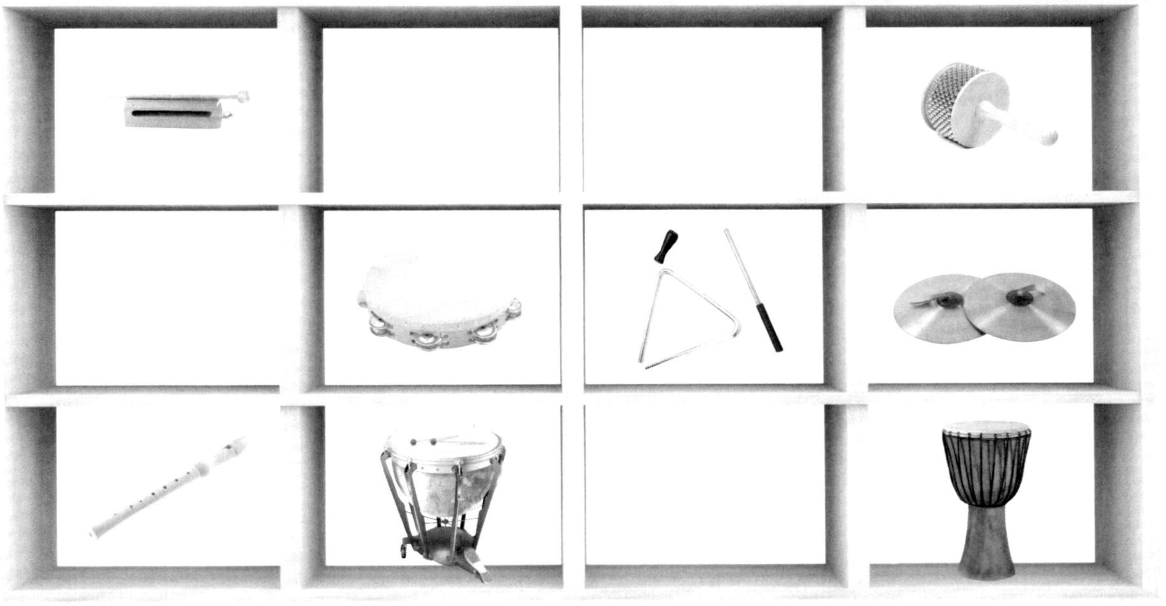

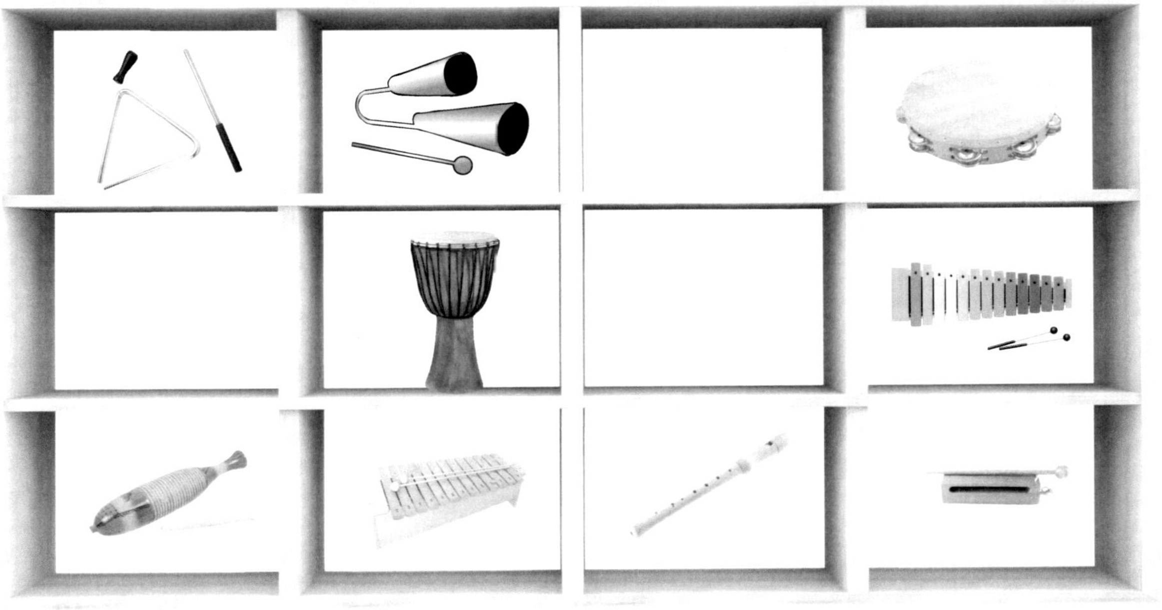

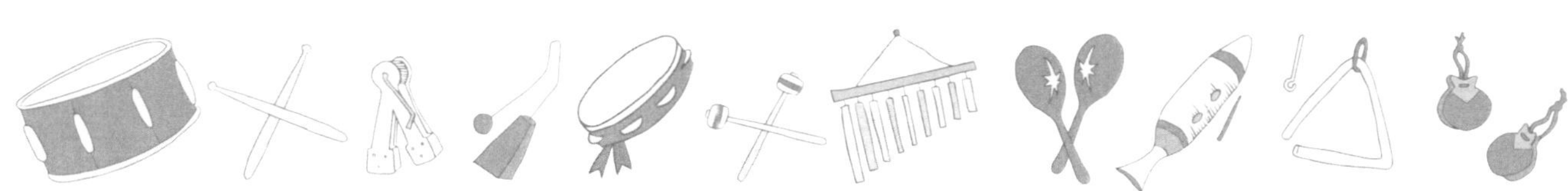

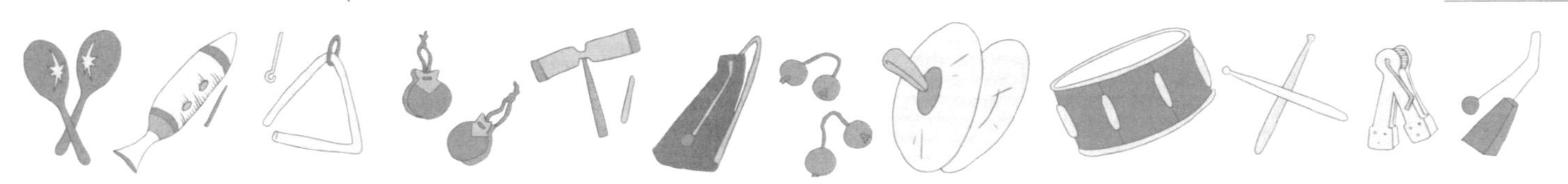

3 Aufgabenteil 2 – Die kleine Orff-Band

Aufgabe 8: *Wer spielt welches Instrument? Alle Mitglieder der Orff-Band spielen ein Instrument, das sich auf ihren Namen reimt. Ordne zu. Es ergibt sich ein Lösungswort.*

Nadine

Afon

Hans

Abigel

Miro

Hauke

Lisa

Ismaail

Malon

S  R

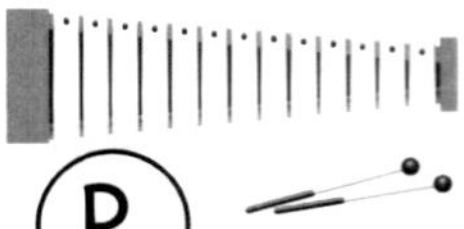

R

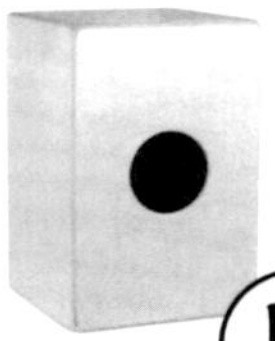

O

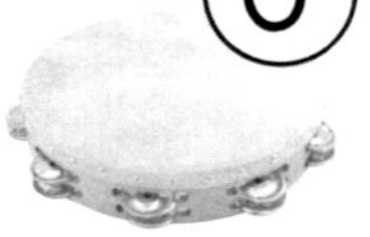

E

E

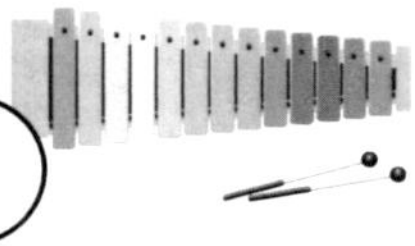

H

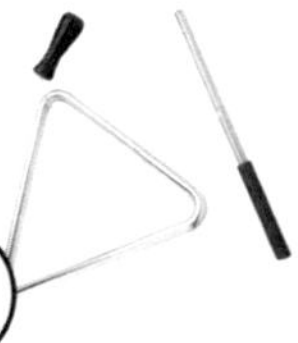

T

C

Lösung: ______________________

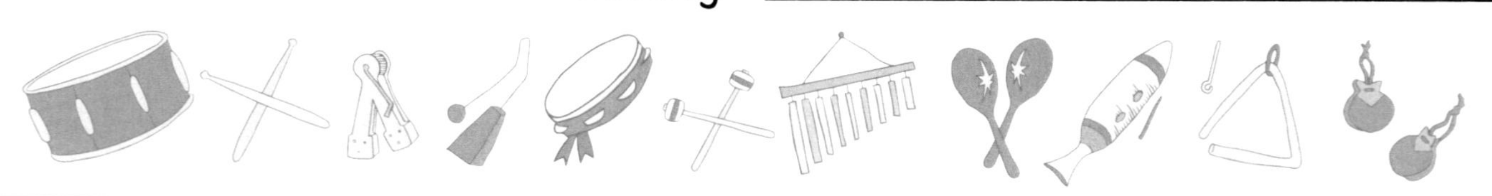

KOHL VERLAG Orff-Instrumente – Eine kleine Waldmusik – Bestell-Nr. 13 078

3 Aufgabenteil 2 – Buchstabenschlangen

Aufgabe 9: *In jedem Feld ist ein Wort versteckt. Verbinde die Buchstaben so miteinander, dass die Namen von Orff-Instrumenten entstehen.*

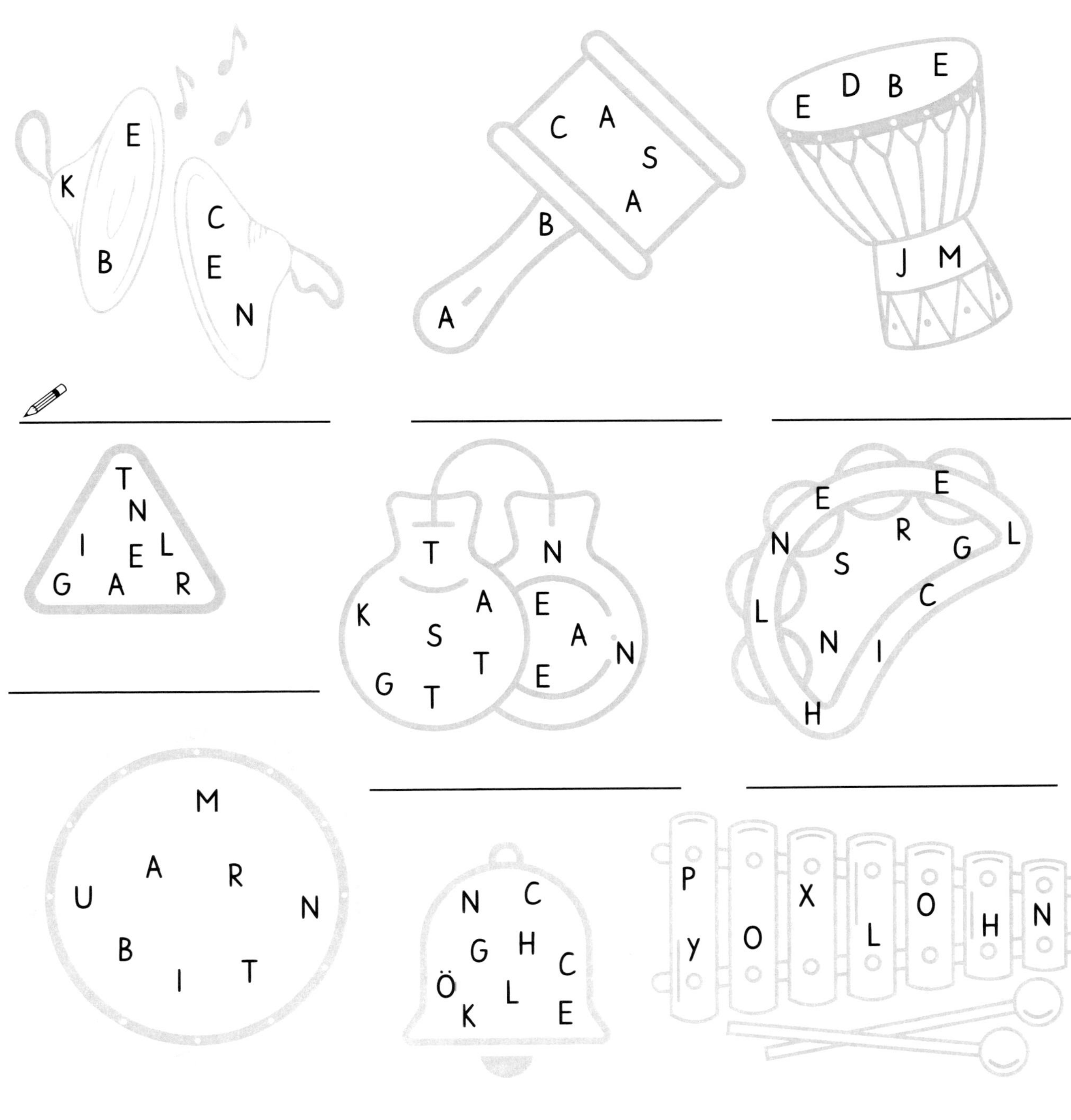

KOHL VERLAG Orff-Instrumente – Eine kleine Waldmusik – Bestell-Nr. 13 078

3 Aufgabenteil 2 – Labyrinth der Instrumente

<u>Aufgabe 10</u>: *Finde den Weg durch das Labyrinth. Die Anfangsbuchstaben der Instrumente auf dem Lösungsweg ergeben ein Lösungswort.*

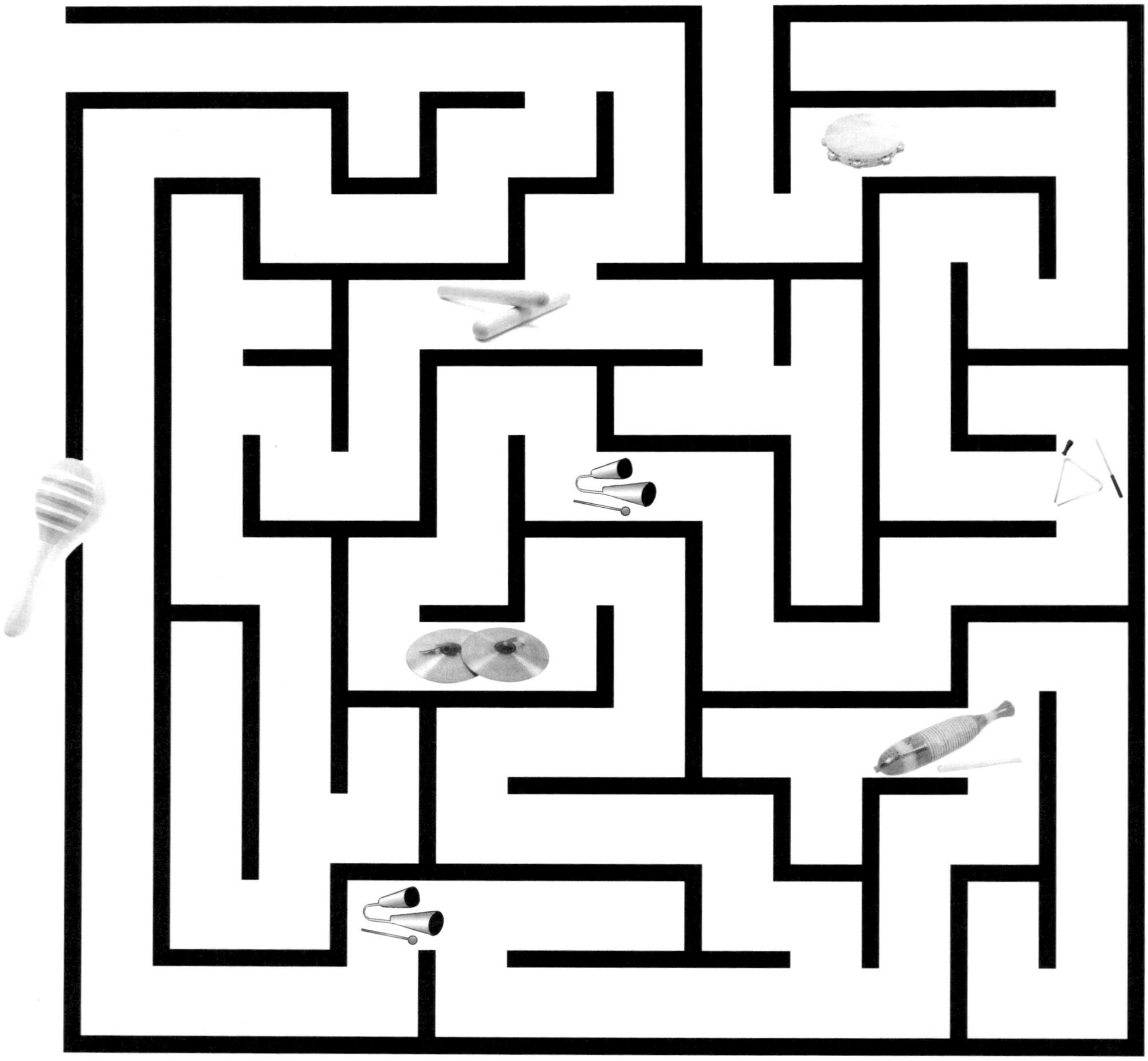

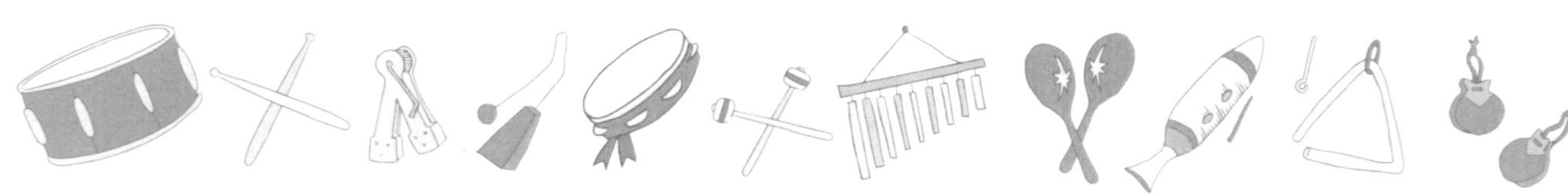

KOHL VERLAG Orff-Instrumente - Eine kleine Waldmusik – Bestell-Nr. 13 078

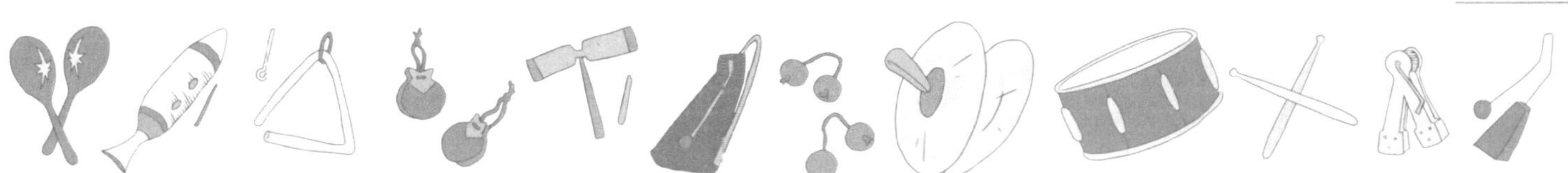

3 Aufgabenteil 2 – Kleine Musiker

Aufgabe 11: *Wer spielt welches Instrument? Folge den Linien und notiere die Buchstaben auf dem Weg. Du erhältst die Namen der Instrumente. Male zu den Kindern die entsprechenden Instrumente.*

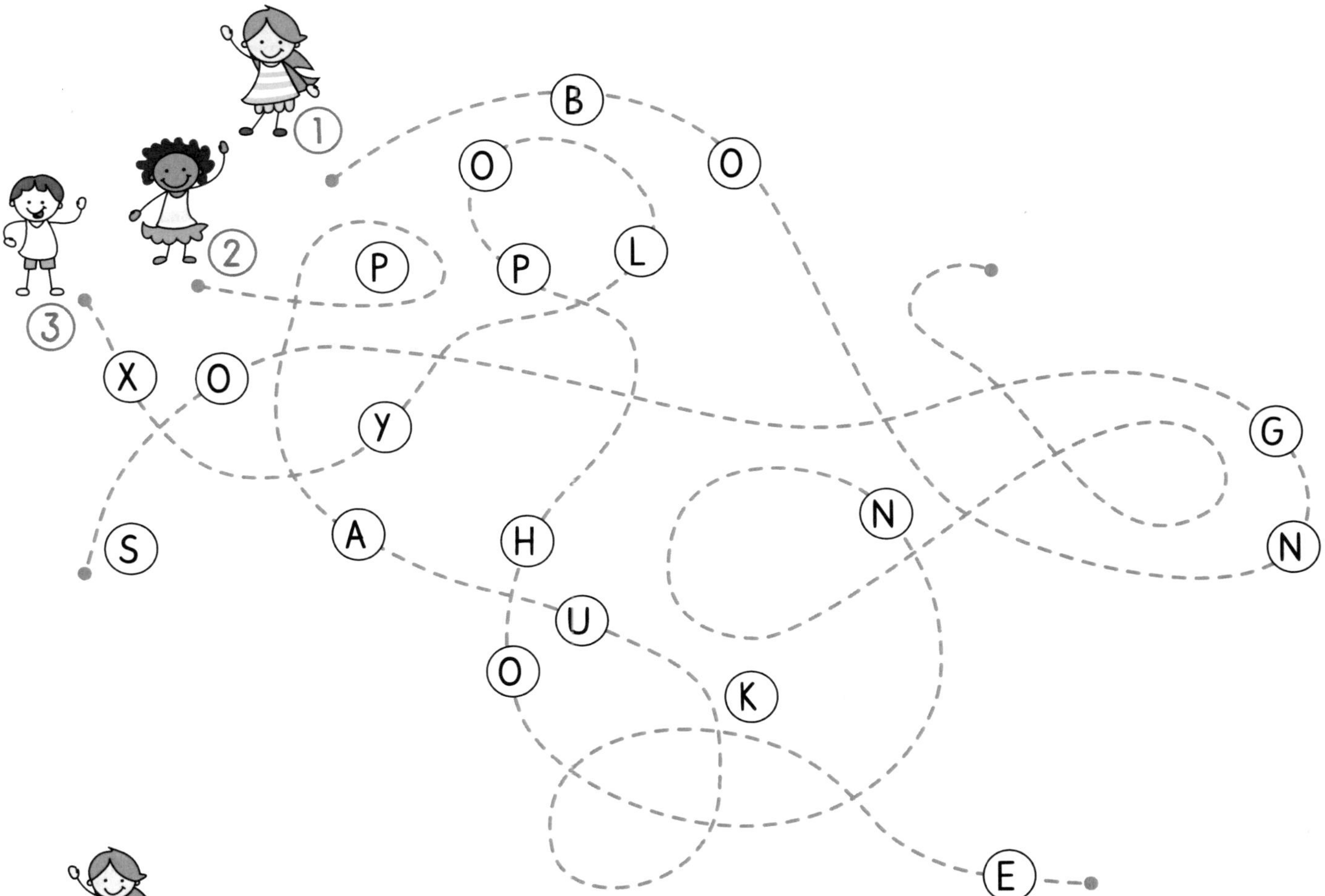

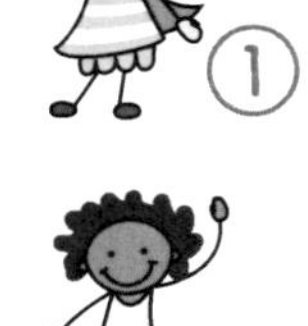

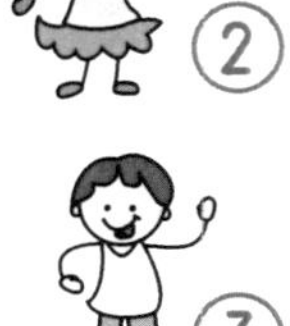

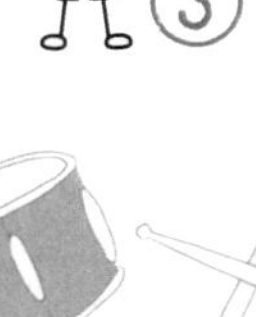

1 ______________________________

2 ______________________________

3 ______________________________

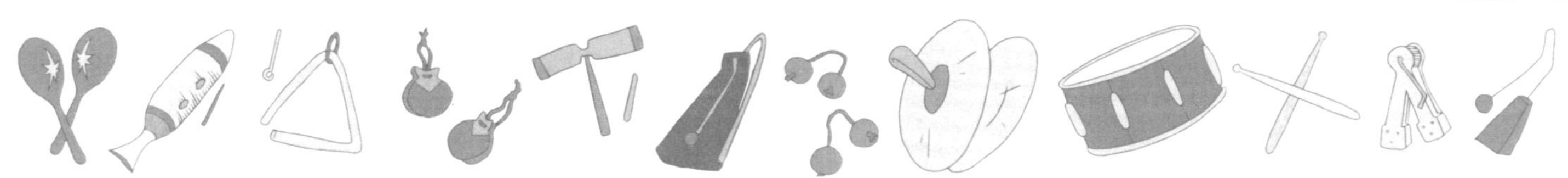

3 Aufgabenteil 2 – Carl Orff

Carl Orff wurde 1895 in München geboren. Sein Vater war Berufsoffizier. Carl Orff erhielt schon als Kind Klavier-, Cello- und Orgelunterricht. Er spielte im Schulorchester und sang im Kirchenchor. Carl Orff begeisterte sich für Puppentheater und schrieb selbst die Musik zu Theaterstücken. Später vertonte er Gedichte. Nach seinem Musikstudium in München gründete er 1924 eine Schule für Musik, Rhythmik, Tanz und Gymnastik und wurde dort Leiter der Musikabteilung. Musik, Tanz und Sprache sollten miteinander verbunden werden. Seine Ideen nannte er das *Orffsche Schulwerk*. Beim Unterrichten verband er Musik mit Bewegung und entwickelte dabei die Orff-Instrumente. Während des zweiten Weltkrieges komponierte er mehrere bedeutende Werke, unter anderem Carmina Burana, ein berühmtes Chorwerk. Er war unpolitisch und wurde aufgrund seiner musikalischen Leistungen nicht in den Krieg geschickt. Im Alter von 86 Jahren starb er nach langer Krankheit in München.

<u>Aufgabe 12</u>: *Der folgende Text enthält Informationen zu Carl Orff, dem Erfinder der Orff-Instrumente. Richtig oder falsch? Die Buchstaben in den beiden rechten Spalten ergeben ein Lösungswort:* ______________________

	richtig	falsch
Carl Orff wurde in Wien geboren.	S	C
Sein Vater war Berufsoffizier.	A	H
Als Kind lernte er die Instrumente Geige, Trompete und Gitarre.	O	R
Carl Orff liebte Puppentheater und schrieb zu den Stücken selbst die Musik.	M	R
Er vertonte Gedichte.	I	N
Er studierte in Hamburg.	E	N
In seiner eigenen Musikschule verband er Musik, Rhythmik, Bewegung, Tanz und Gymnastik miteinander.	A	L
Während seiner Arbeit als Lehrer an seiner selbst gegründeten Schule entwickelte er die Orff-Instrumente.	B	M
Sein berühmtestes Werk heißt „Peter und der Wolf"	I	U
Während des Krieges wurde er festgenommen.	S	R
Er starb während des 2. Weltkrieges an der Front.	I	A
Carlo Orff war Komponist und Musikpädagoge.	N	K
Carl Orff wurde 86 Jahre alt.	A	E

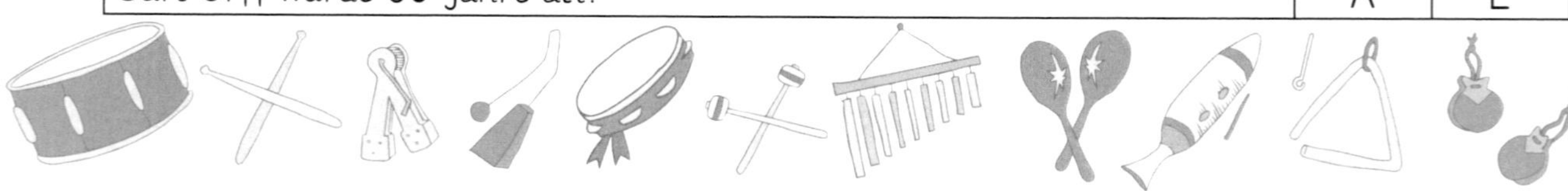

3 Aufgabenteil 2 – Instrumentengruppen

Aufgabe 13: *Ordne die folgenden Instrumente den drei Instrumentengruppen Stabspiele, Fellinstrumente, Rhythmus- und Effektinstrumente zu. Wenn du die Buchstaben richtig ordnest, erhälst du einen Lösungssatz.*

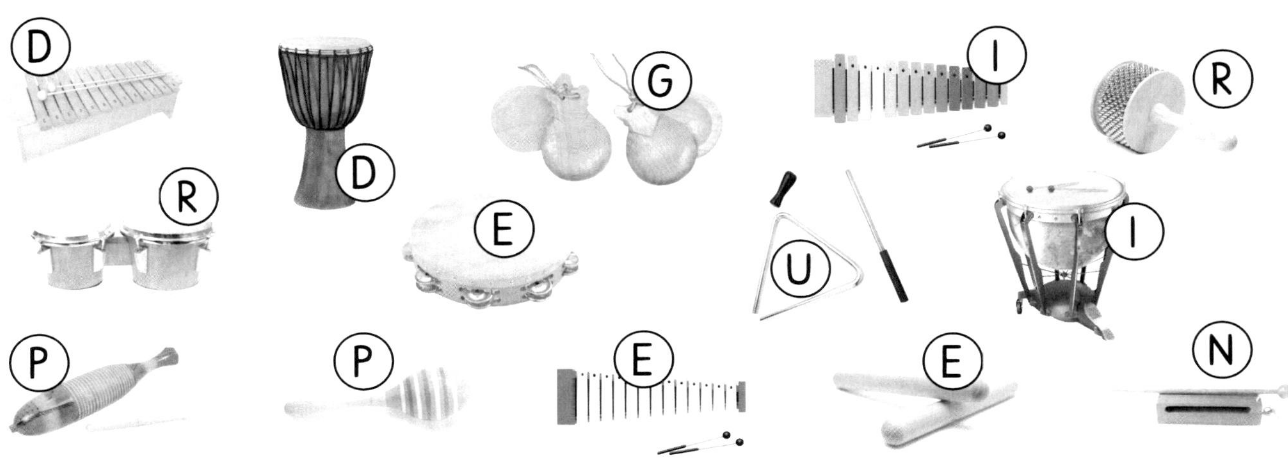

Stabspiele (3 Instrumente)	Fellinstrumente (4 Instrumente)	Rhythmus- und Effektinstrumente (7 Instrumente)

Lösungswörter: ________ ____________ ____________

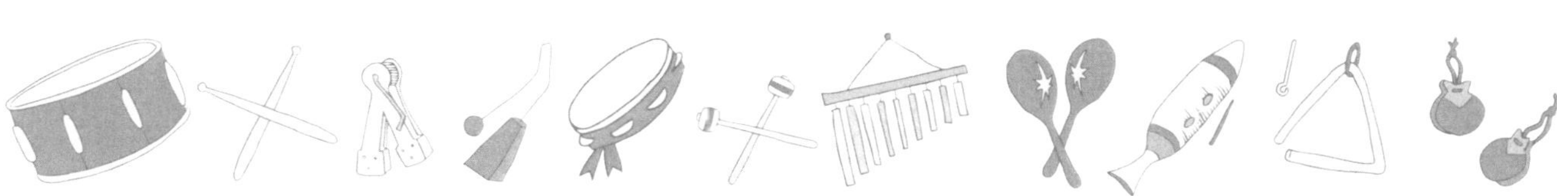

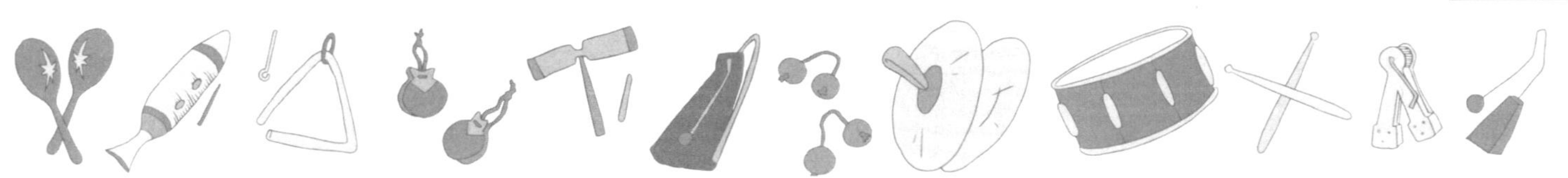

3 Aufgabenteil 2 – Quartett- & Memospiel

Jeweils vier Karten gehören zusammen. Die Karten werden an alle Mitspieler verteilt (2 - 3 Kinder). Nun ziehen die Mitspieler nacheinander jeweils eine Karte des Nachbarn. Wenn alle vier Karten einer Gruppe vorhanden sind, darf ausgelegt werden. Ein Memospiel, bei dem ... (weiter S. 41)

Gruppe: **Stabspiele**	Gruppe: **Stabspiele**	Gruppe: **Stabspiele**	Gruppe: **Stabspiele**
Mehrere Klangstäbe aus Metall, die mit Schlägeln angeschlagen werden	Mehrere dünne Klangplättchen aus Metall, die mit Schlägeln angeschlagen werden	Mehrere Klangstäbe aus Holz, die mit Schlägeln angeschlagen werden	Einzelne Klangstäbe (entweder aus Metall oder Holz), die mit Schlägeln angeschlagen werden
Gruppe: **Fellinstrumente**	Gruppe: **Fellinstrumente**	Gruppe: **Fellinstrumente**	Gruppe: **Fellinstrumente**
Afrikanische Holztrommel	Fasstrommel aus Kuba, die im Stehen gespielt wird	Bestehend aus zwei kleinen Trommeln unterschiedlicher Größe	Schellentrommel

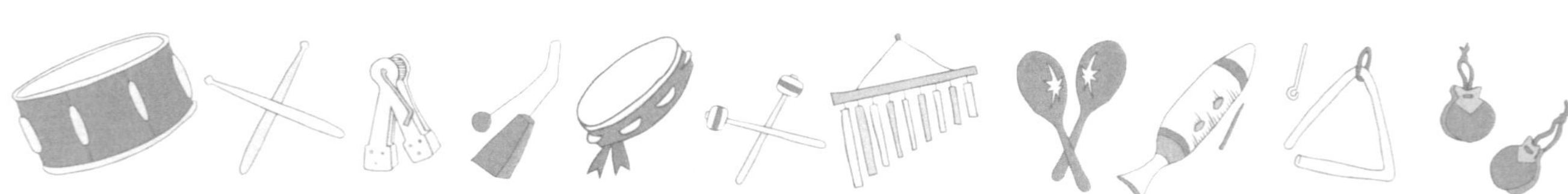

KOHL VERLAG Orff-Instrumente - Eine kleine Waldmusik – Bestell-Nr. 13 078

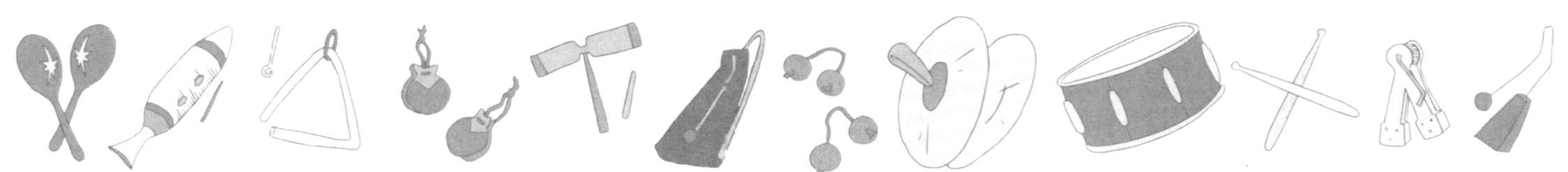

… die Karten verdeckt ausgelegt werden und nacheinander jeweils zwei Karten aufgedeckt werden, ist ebenfalls möglich. Wer zwei Karten einer Gruppe aufdeckt, darf diese behalten.

Gruppe: **Rhythmus- und Effektinstrumente mit kurzem Klang** Zusammen-schlagen von zwei Holzstäben	Gruppe: **Rhythmus- und Effektinstrumente mit kurzem Klang** Röhrenförmige Körper, der meistens an einem Holzstab befestigt ist und mit einem Schlägel angeschlagen wird.	Gruppe: **Rhythmus- und Effektinstrumente mit kurzem Klang** Schlitztrommel aus einem ausgehöhlten Holzblock, die mit einem Schlägel angeschlagen wird.	Gruppe: **Rhythmus- und Effektinstrumente mit kurzem Klang** Zwei ausgehöhlte, runde Holzscheiben, die mit einem Gummiband zusammengehalten werden und beim Spielen aufeinander geschlagen werden.
Gruppe: **Rhythmus- und Effektinstrumente mit langem Klang** Dreieckiges Instrument aus Metall, das an einem Band festgehalten und mit einem Metallstab angeschlagen wird	Gruppe: **Rhythmus- und Effektinstrumente mit langem Klang** Rundes Instrument aus Metall, das an einem Lederband gehalten wird (Tonerzeugung mit zwei Becken, die aneinander geschlagen werden oder mit einem Schlägel).	Gruppe: **Rhythmus- und Effektinstrumente mit langem Klang** kleine Becken	Gruppe: **Rhythmus- und Effektinstrumente mit langem Klang** Metallschale, die mit einem Schlägel angeschlagen wird.

KOHL VERLAG Orff-Instrumente – Eine kleine Waldmusik – Bestell-Nr. 13 078

3 Aufgabenteil 2 – Tonhöhen

<u>Aufgabe 14</u>: Mit welchen Instrumenten können verschiedene Tonhöhen erzeugt werden? Probiere und kreuze an. Es ergibt sich ein Lösungswort.

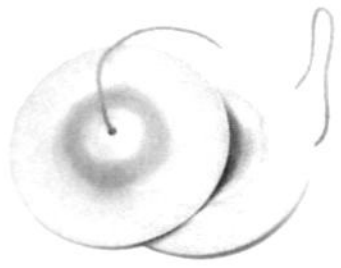

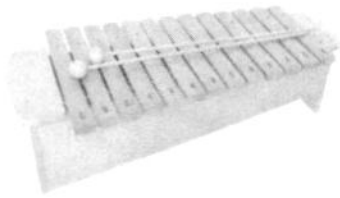

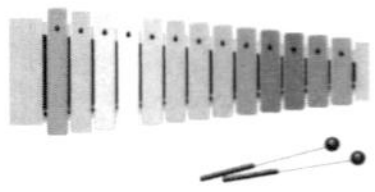

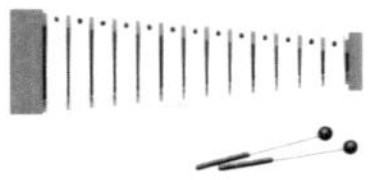

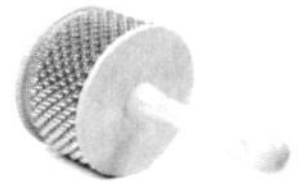

○		(M)	○		(I)
○		(E)	○		(E)
○		(T)	○		(N)
○		(L)	○		(S)
○		(O)	○		(T)
○		(N)	○		(E)
○		(D)			

Lösungswort: ______________________

Orff-Instrumente – Eine kleine Waldmusik – Bestell-Nr. 13 078

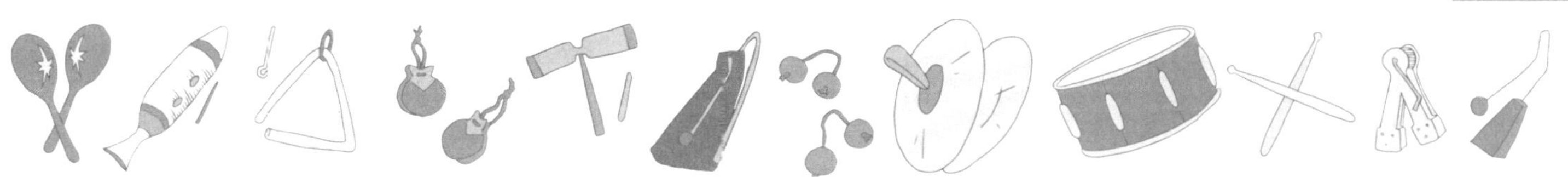

3 Aufgabenteil 2 – Lang- und Kurzklinger

Aufgabe 15: *Bei welchen Instrumenten handelt es sich um Langklinger (langer Ton) und bei welchen um Kurzklinger (kurzer Ton)? Spiele die folgenden Instrumente und ordne sie den beiden Gruppen zu. Du erhältst jeweils ein Lösungswort.*

Langklinger (langer Ton –)	Kurzklinger (kurzer Ton °)

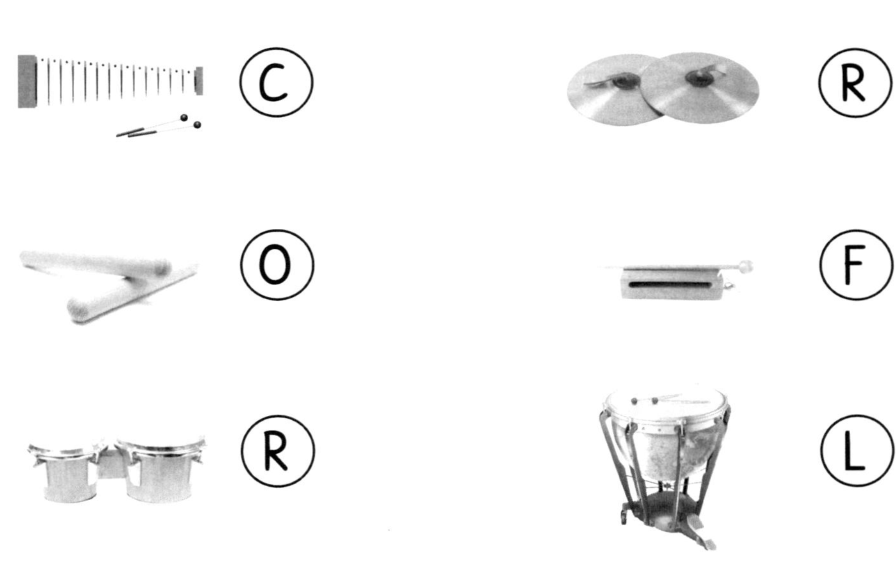

Lösungswort: ____________________

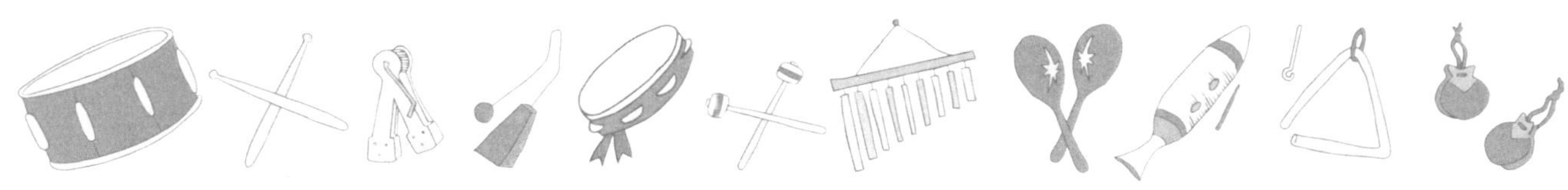

KOHL VERLAG Orff-Instrumente – Eine kleine Waldmusik – Bestell-Nr. 13 078

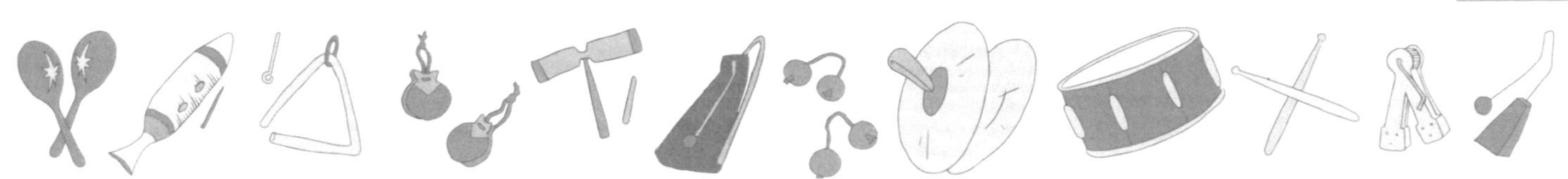

4 Klanggeschichte „Im Zauberwald"

Geschichte	Vorschläge für Begleitgeräusche
Die kleine Fee Frida lebt im Zauberwald und fühlt sich dort sehr wohl. Sie mag das Rauschen des Windes in den bunten Blättern der Bäume.	weiche, warme Klänge (z. B. mit Handfläche über Trommel streichen) Raschen (z. B. Cabasa, Gurio, Rassel)
... das Plätschern des Baches, ... das Singen der bunten Vögel, ...	Plätschern (z. B. Fingerspitzen auf Trommel, Zimbeln, Regenmacher) Flöte
... das Geplapper der Pagageien ...	Klanghölzer (Kind klopft Rhythmus vor, ein anderes klopft den gehörten Rhythmus nach)
... und das Rascheln, wenn das Eichhörnchen Ekki durch das Unterholz huscht.	Rascheln (z. B. Rassel, Schellenring)
Wenn Frida in ihrer quietschenden Hängematte schaukelt,	Quietschen (z. B. Cabasa)
schwenkt sie oft ihren Feenstab und zaubert glitzernde Sterne um sich herum in die Luft.	Triangel, Zimbeln
Plötzlich hört sie das leise Knacken von Ästen.	Guiro, Klanghölzer
Neben Fridas Hängematte kommt der kleine Zwerg Zipfel zum Vorschein. „Hallo!", ruft er mit seiner Piepsstimme.	Zimbeln, Triangel

KOHL VERLAG Orff-Instrumente - Eine kleine Waldmusik – Bestell-Nr. 13 078

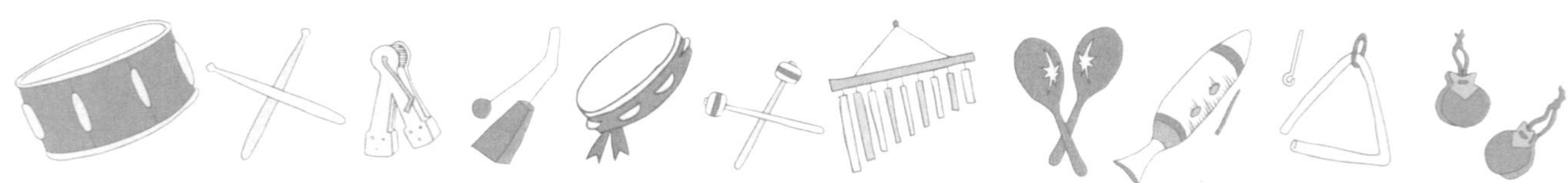

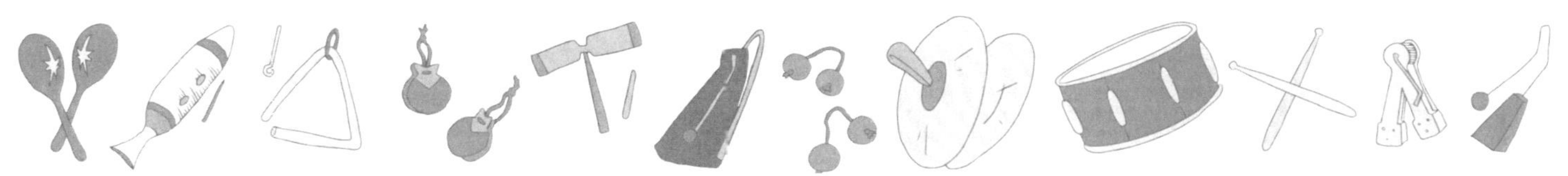

Geschichte	Vorschläge für Begleitgeräusche
„Darf ich mich bei dir unterstellen?", fragt Zipfel. „Ein Gewitter zieht auf." Frida nickt. „Klar, komm! Leg dich zu mir!" Kurz darauf schaukeln Frida und Zipfel zusammen in der Hängematte und das Quietschen wird noch lauter.	lautes Quietschen (z. B. Cabasa)
Zipfel hatte recht. Wenig später zucken die ersten Blitze über den Himmel …	Triangel
… der Donner grollt …	Becken, Trommeln
… und es beginnt allmählich zu regnen.	Regenmacher, Fingerspitzen auf Trommel
Der Regen wird immer stärker und der Donner immer lauter.	Crescendo mit Regemacher, Trommeln und Becken
Dann ist das Unwetter ganz plötzlich wieder vorbei. In der Ferne hört man es noch leise grummeln.	Grummeln (z. B. Cabasa, Guiro, mit flacher Hand über Trommel streichen)
Zipfel zittert immer noch vor Angst.	Zittern (z. B. Triangel)
Doch Frida gelingt es ihn zu beruhigen. Zum Glück ist sie immer für ihn da. Auch dann, wenn der Riese in der Nähe ist, der seit einigen Tagen ebenfalls im Zauberwald wohnt. Denn vor dem Riesen hat Zipfel noch mehr Angst, als vor einem Gewitter.	mit Handfläche über Trommel streichen

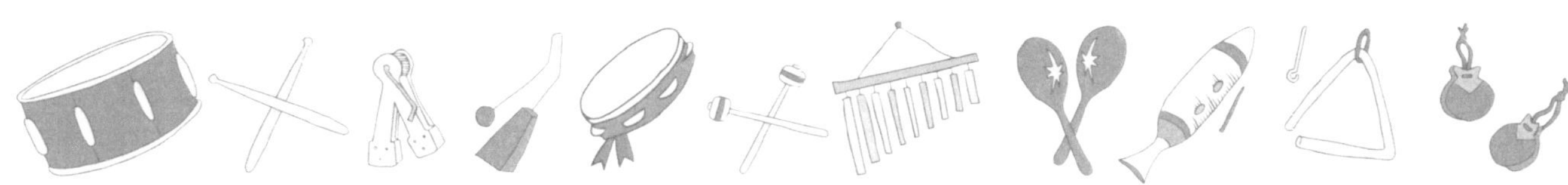

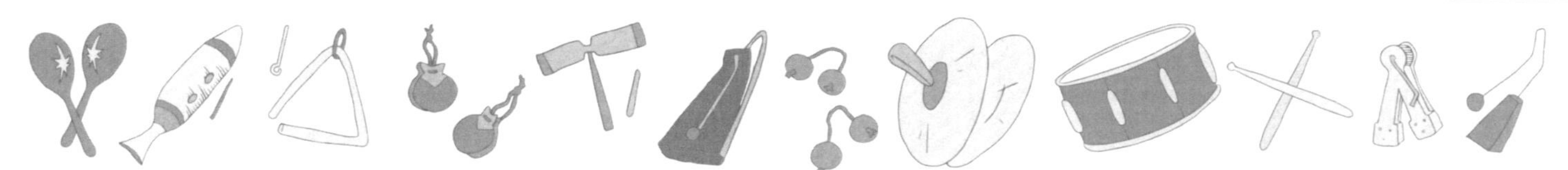

Geschichte	Vorschläge für Begleitgeräusche
Die Schritte des Riesen hören sie immer schon von Weitem.	Schritte mit Trommel oder Becken
Als Frida und Zipfel nun das Stampfen des Riesen hören, springen sie aus der Hängematte und rennen – so schnell sie können – davon.	kleine Schritte mit Klanghölzern und/ oder Holzblocktrommeln
Hinter sich hören sie die schweren Schritte des Riesen, der immer näherkommt.	crescendo mit Trommel und Becken
Plötzlich bleiben die Freunde vor einem Abgrund stehen.	Klanghölzer stoppen plötzlich
Eine tiefe Schlucht befindet sich direkt vor ihnen. Zipfel lugt über den Rand. Wasserfälle stürzen in die Tiefe.	Regenmacher, Zimbeln
Frida flattert aufgeregt mit ihren Feenflügeln. Diese sind allerdings so dünn und zart, dass sie damit nicht fliegen kann.	Feenflügel (z. B. Triangel)
Der Riese kommt näher und näher …	Crescendo mit Trommel und Becken
… und dann hören Frida und Zipfel seine tiefe Stimme: „Keine Sorge! Ich hebe euch auf die andere Seite. Kommt! Klettert auf meine Hand."	tiefe Stimme (z. B. tiefe Xylophontöne, lange/tiefe Klangstäbe)

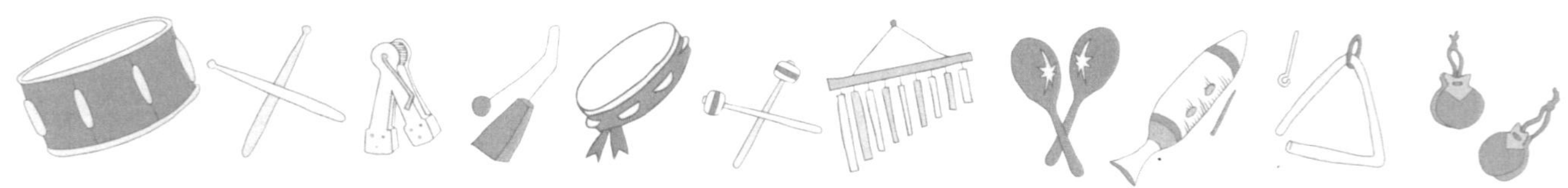

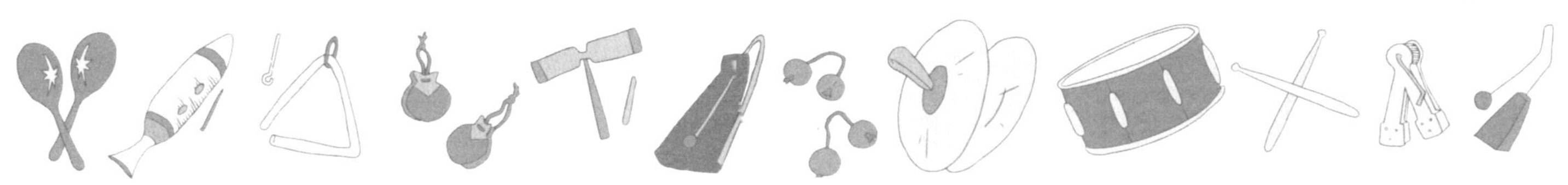

Geschichte	Vorschläge für Begleitgeräusche
Unsicher sehen sich Frida und Zipfel an und klettern schließlich in die große ausgestreckte Hand des Riesen. Dieser hebt seine Hand und setzt die beiden auf seine rechte Schulter.	tiefe Stimme (z. B. tiefe Xylophontöne, lange/tiefe Klangstäbe)
„Das ist aber hoch!", piepst Zipfel aufgeregt.	Zipfels Stimme (z. B. Triangel, Zimbeln)
„Ihr könnt auf meinem Arm auf die andere Seite der Schlucht rutschen", schlägt der Riese vor.	Stimme des Riesen (tiefe Xylophontöne, lange/tiefe Klangstäbe)
Frida und Zipfel nutzen die angebotene Rutsche gerne.	Töne abwärts auf Glockenspiel, Xylophon, Metallophon
Zipfel und Frida bedanken sich. Vor allem Zipfel hat dem hilfsbereiten Riesen unrecht getan. Erleichtert winken die beiden zum Abschied und klatschen.	Winken (z. B. Guiro, Cabasa) und Klatschen mit den Händen

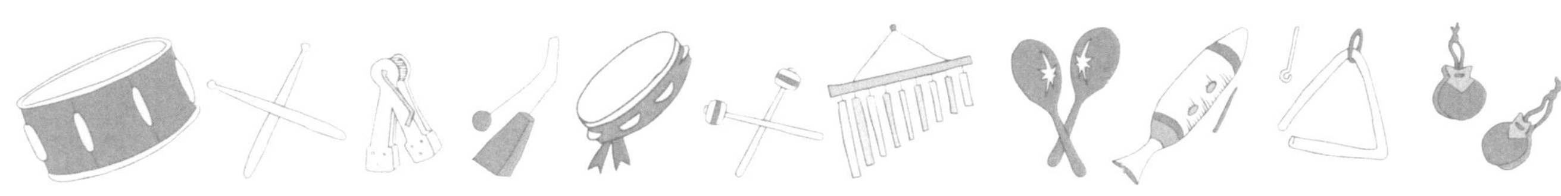

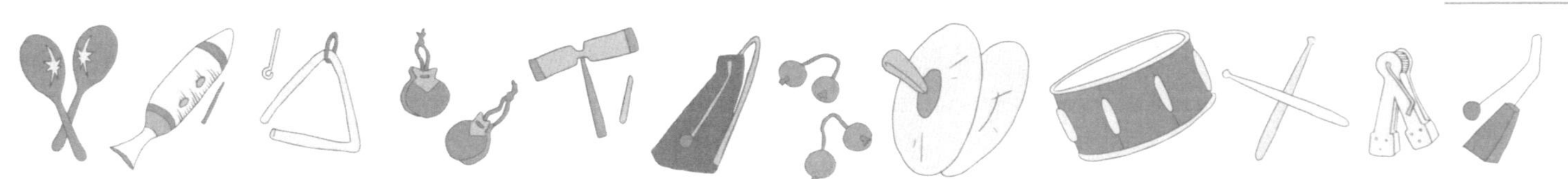

5 Lied zum Einsatz der Orff-Instrumente

„Ein kleiner Musiker"

Nach jeder Strophe erklingt das Zwischenspiel. Dies wird zunächst nur von der Trommel gespielt. Mit jeder neuen Strophe kommt jeweils ein Instrument dazu (Trommel, Rassel, Becken, Triangel)

Vor- und Zwischenspiel mit Orff-Instrumenten

KOHL VERLAG Orff-Instrumente – Eine kleine Waldmusik – Bestell-Nr. 13 078

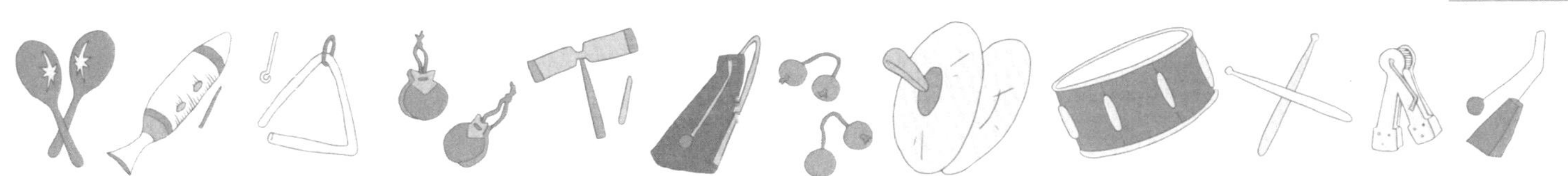

1. Ein kleiner Musiker **trommel**te sehr gern'.
   Doch leider waren alle andren Musiker ganz fern'.

2. Ein kleiner Musiker war nicht gern' allein.
   Drum lud er sich zum Musizier'n 'nen **Rassel**spieler ein.

3. Zwei kleine Musiker spielten nun zu zweit.
   Zum Glück war ein **Becken**spieler diesmal gar nicht weit.

4. Drei kleine Musiker waren ein Trio.
   Doch mit einer **Triangel** dazu war'n sie sehr froh.

5. Vier kleine Musiker spielten nun Quartett.
   Trotzdem wäre dazu noch ein **Tamburin** ganz nett.

6. Fünf kleine Musiker brauchten für den Takt
   'nen Musiker mit **Klanghölzer**n, der den Rhythmus macht.

7. Sechs kleine Musiker brauchten 'ne Melodie.
   Mit **Xylophon** und **Glockenspiel** wussten sie nun wie.

8. Sieben kleine Musiker probten pausenlos.
   Nun fehlte allerdings dazu 'ne **Holzblocktrommel** bloß.

9. Acht kleine Musiker hatten Spaß zu acht.
   Noch besser klingt's, wenn die **Cabasa** nun Geräusche macht.

10. Neun kleine Musiker vermissten ach so sehr
    die **Guiro**. Damit kam nun ein neuer Musiker her.

11. Zehn kleine Musiker spielten ein Konzert.
    Zusammen klang es wirklich toll, die Proben waren's wert.

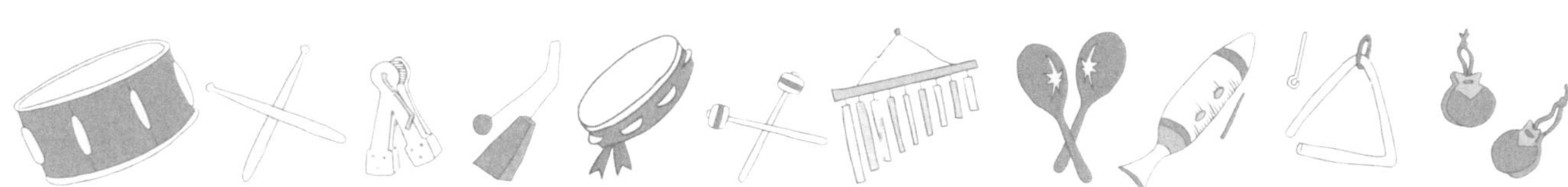

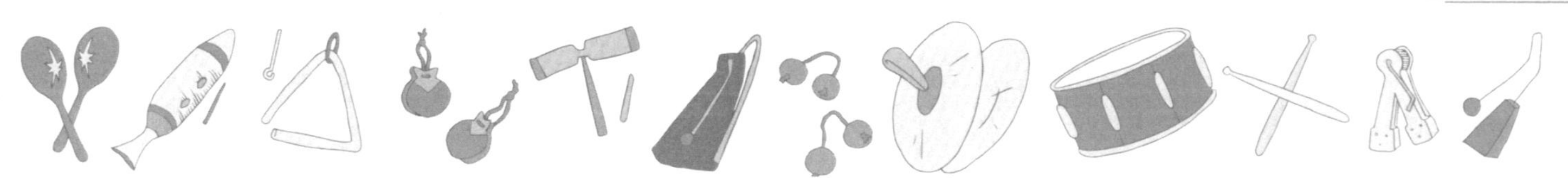

6 Lied „Zur Geisterstund'"

Vorspiel Xylophon „Ding Dong" (12 Mal)

1. Strophe

Die Uhr schlägt zwölf, was heißt das bloß?
Nun geht's mit dem Geklapper los!

Klapp, klapp, klapp, klapp, klapp, klapp, klapp.
Die Geister machen niemals schlapp.
Klanghölzer

2. Strophe

Zur Geisterstund' – hör doch mal her –
klappern die Gebeine sehr.
Klapp, klapp, klapp, klapp, klapp, klapp, klapp.
Die Geister machen niemals schlapp.
Klanghölzer

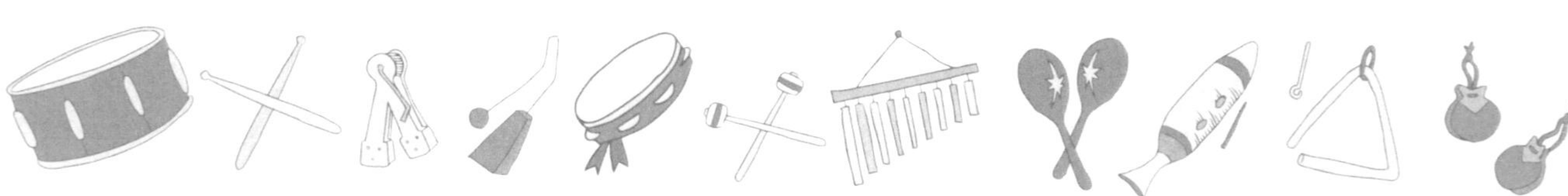

KOHL VERLAG Orff-Instrumente – Eine kleine Waldmusik – Bestell-Nr. 13 078

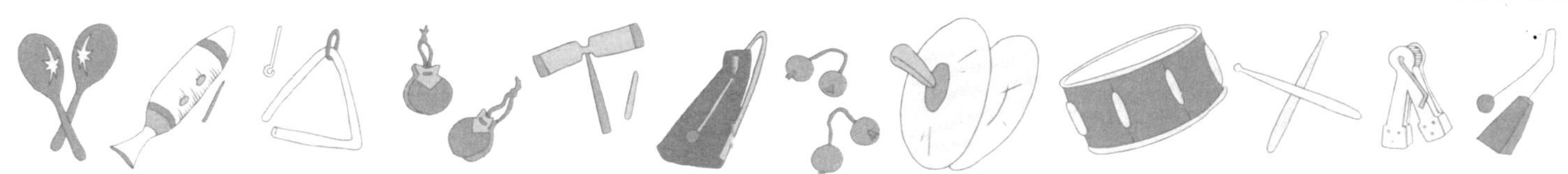

3. Strophe
Im Takt klappern alle laut
und Geisti auf die Trommel haut.
Klapp, klapp, klapp, klapp, klapp, klapp, klapp.
Die Geister machen niemals schlapp.
Klanghölzer

4. Strophe
Leider zeigt nun die Uhrzeit:
Ein letztes Klappern, seit bereit.
Klapp, klapp, klapp, klapp, klapp, klapp, klapp.
Die Geister machen niemals schlapp.
Klanghölzer

Nachspiel Xylophon „Ding Dong" 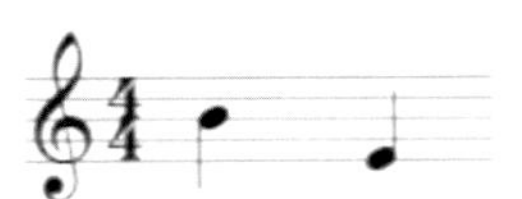 (1 Mal)

Weitere Gestaltungsmöglichkeit:
Die Kinder suchen in Gruppen nach Instrumentenklängen zum Thema Geister / Gespenster / Grusel.
Diese Klänge können zwischen den Liedstrophen als Zwischenspiel zum Einsatz kommen.

KOHL VERLAG Orff-Instrumente – Eine kleine Waldmusik – Bestell-Nr. 13 078

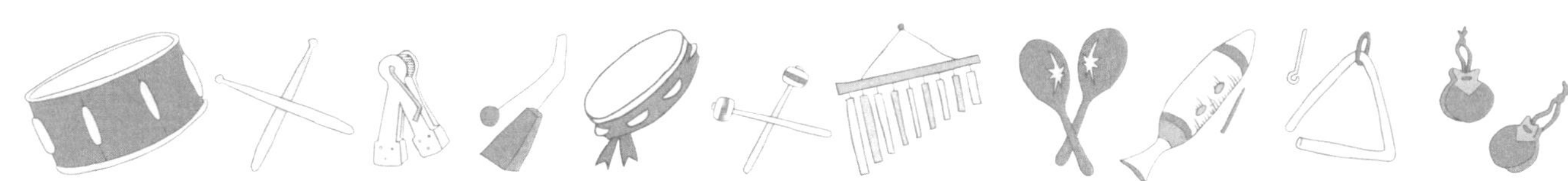

7 Lösungen

Aufgabe 1: IM ZAUBERWALD!

Aufgabe 3:

blau

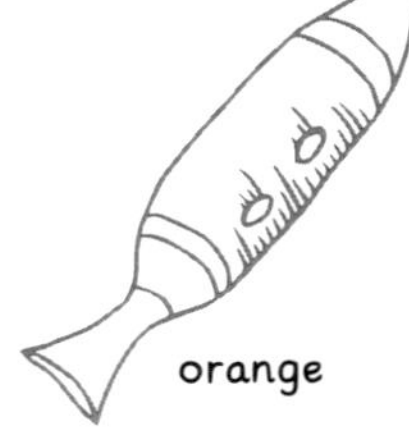

orange

lila

gelb

rot

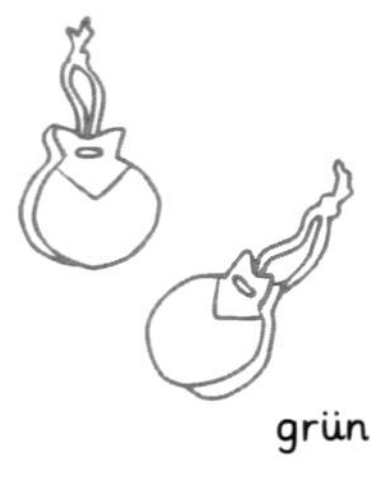

grün

Aufgabe 5: Sudoku 1

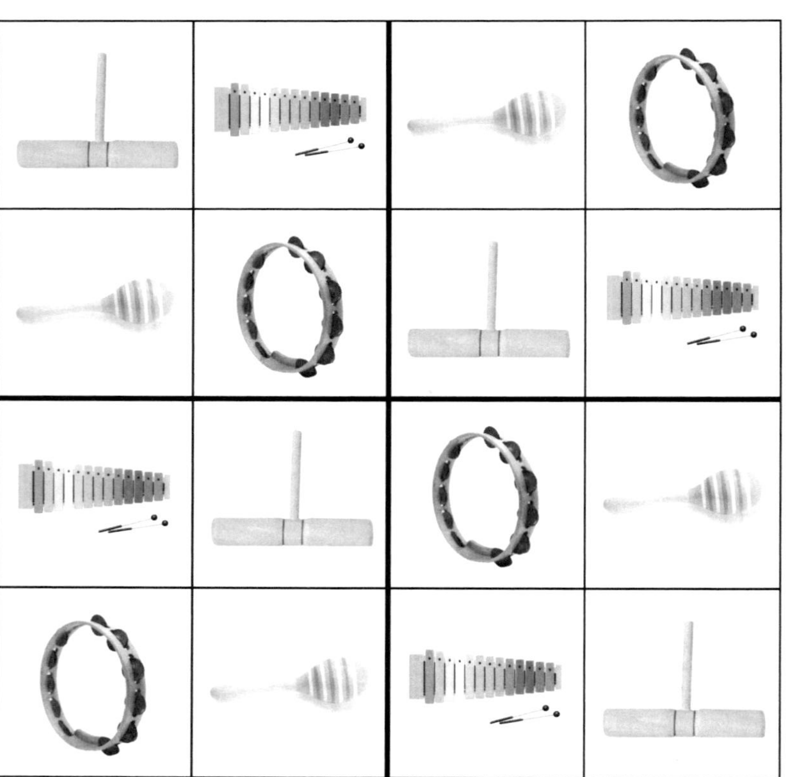

7 Lösungen

Aufgabe 5: Sudoku 2

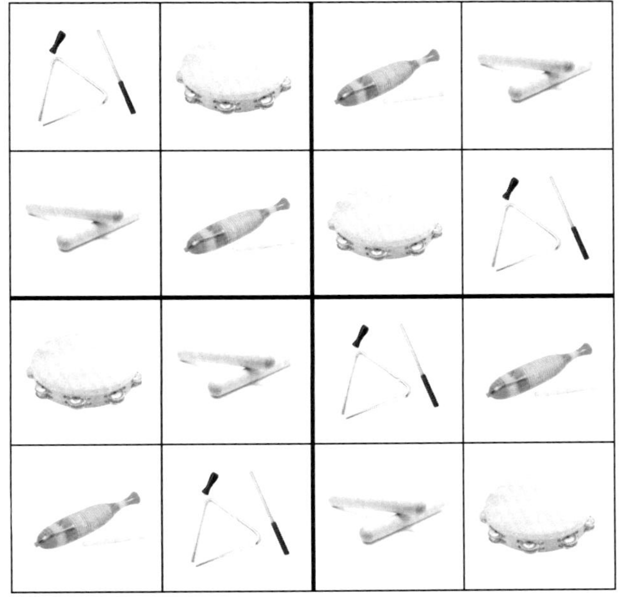

Aufgabe 6:

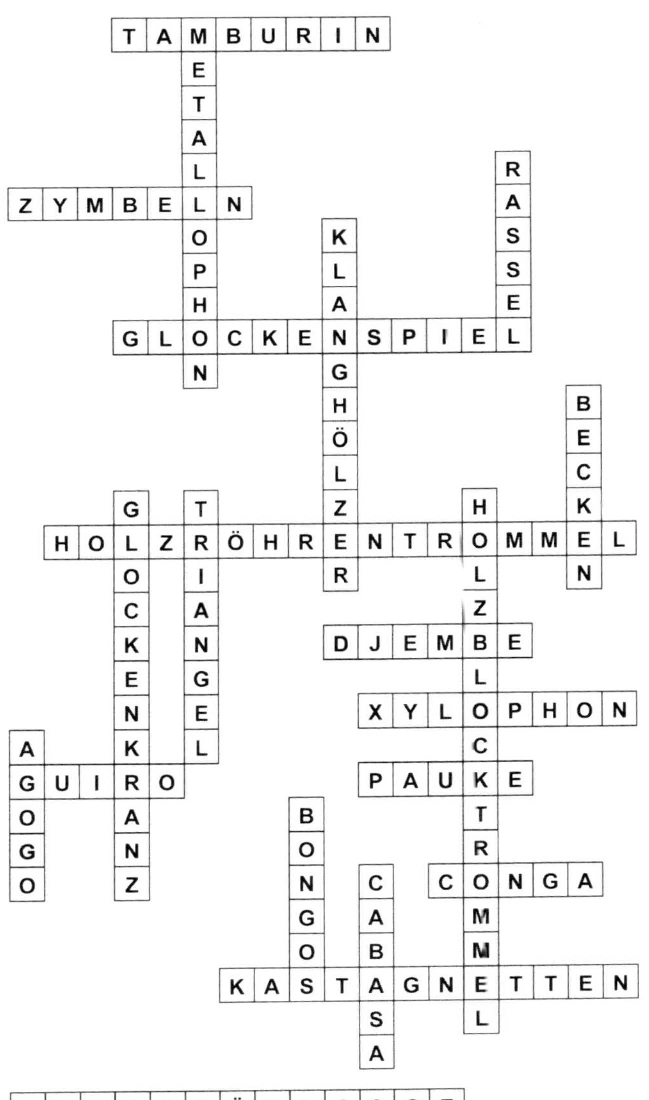

KOHL VERLAG Orff-Instrumente – Eine kleine Waldmusik – Bestell-Nr. 13 078

7 Lösungen

Aufgabe 7: In Regal 2 fehlen Flöte, Tamburin und Djembe.
In Regal 3 fehlen Agogo, Guiro, Glockenspiel und Xylophon.
In Regal 4 fehlen Cabasa, Becken und Pauke.

Aufgabe 8: ORCHESTER (Nadine – Tamburin / Afon – Cajon / Hans – Schellenkranz / Abigel – Triangel / Miro – Quiro / Hauke – Pauke / Lisa – Cabasa / Ismaail – Glockenspiel / Malon – Xylophon)

Aufgabe 9: Becken, Cabasa, Djembe, Triangel, Kastagnetten, Schellenring, Tamburin, Glöckchen, Xylophon

Aufgabe 10: Lösungswort: RABATT

Aufgabe 11: Bongos, Pauke, Xylophon

Aufgabe 12: CARMINA BURANA

Aufgabe 13:

Stabspiele	Fellinstrumente	Rhythmus- und Effektinstrumente
Xylophon Glockenspiel Metallophon	Djembe Handtrommel Tamburin Pauke	Kastagnetten Cabasa Triangel Guiro Rassel Klanghölzer Holzröhrentrommel

Lösungssatz: DIE DREI GRUPPEN

Aufgabe 14: TOENE (Flöte, Xylophone, Glockenspiel, Metallophon, Boomwhaker)

Aufgabe 15: CARL ORFF

Klasse 1 2 3 4

Musik

Andreas von Hoff

Boomwhackers-Rhythm-Party

Vier leichte bis mittelschwere aufführfähige Songs, die die unterschiedlichen Rhythmuswelten von African, Latin & Rock nachempfinden. Die Songs kommen mit dem pentatonischen Boomwhackers-Satz aus und klingen umso effektvoller, je mehr Spieler dabei „mittrommeln"! ***Eine echte Attraktion für jedes Schulfest!***

Je Band 4 farbige Partiturseiten.

Rock	10 889	
Latin	10 890	je 36 Seiten
African	10 891	ab 14,99 €

BF

1 2 3 4

Andreas von Hoff

Begleitarrangements

Band 1: Begrüßung International, Happy Birthday, Hello Good Morning, Mathilda, Die Schnecke, Viel Glück & viel Segen, Another Brick In The Wall

Band 2: Die Affen rasen durch den Wald, Wenn der Sommer kommt, Wie Eis in der Sonne, Wir machen Pa-Pa-Pa

Band 3: Oh, when the Saints, feliz navidad, jingle bells, We Wish You a Merry Christmas

48 S.	1	10 816	ab 17,49 €
56 S.	2	10 829	ab 15,99 €
32 S.	3	10 856	ab 17,49 €

1 2 3 4

Jürgen Tille-Koch

Boomwhacker-Arrangements

Die Arrangements sind einfach gehalten, das Konzept orientiert sich an der instrumentalen Ausstattung Ihrer Schule. Die notierten Boomwhacker-/Cajonstimmen können wie alle anderen Notierungen sowohl vom trad. Instrumentarium (z.B. Percussions, Klavier etc.) oder von aktuellen Instrumenten (z.B. Schlagzeug, E-Gitarre, Keyboard etc.) übernommen werden.

FARBIG	40 Seiten	11 352	ab 17,49 €

1 2 3 4

Andrea Schnepp & Sabine Bündle

Geschichten ... mit Boomwhackern vertont

Erzählen Sie interessante Geschichten, bei denen die Kinder auch selbst eine aktive „Rolle" erhalten. Jedem Boomwhacker wird eine bestimmte Person, ein Gegenstand oder ein Hintergrundgeräusch zugeordnet. So wird die Geschichte gemeinsam erlebt!

Die bunten Boomwhacker sind vielfältig einsetzbar. Aus der musikalischen Früherziehung sind die leichtgewichtigen Musikinstrumente fast nicht mehr wegzudenken. In diesem Arbeitsheft werden zwei für Kinder sehr wichtige Bereiche

FARBIG	40 S.	12 111	ab 17,49 €

1 2 3

Andreas von Hoff

25+1 ganz leichte Grundschularrangements

Boomwhackers faszinieren alle Schüler. Klassenmusizieren mit diesen tollen Stäben geht jetzt ganz einfach. 25+1 ganz leichte Grundschularrangements ganz ohne Noten aus, unkomplizierter kann der Einstieg in die Musikwelt nicht sein!

Der Band enthält ganz leichte Boomwhacker-Arrangements für die ganze Klasse. Ein tolles Musikprojekt mit afrikanischen Rhythmen - optimales Aufführungsmaterial zum Beispiel beim nächsten Schulfest!

FARBIG	32 S.	10 888	ab 14,49 €

1 2 3 4

Sport

Rudi Lütgeharm

Differenzierung im Sportunterricht

Bewegungsaufgaben für alle Schüler

Die Möglichkeiten eines differenzierten Sportunterrichts mit sofort umsetzbaren praktischen Beispielen für den Grundschulbereich werden vorgestellt:

- Grundtätigkeiten und Bewegungslandschaften
- Koordination & Kondition
- Gerätturnen & Leichtathletik
- Kleine Spiele

48 Seiten	13 019	ab 14,49 €

1 2 3 4

Rudi Lütgeharm

Zirkeltraining für die GS

Hauptmuskelgruppen kräftigen

NEU

Nach einer kurzen Einführung werden 12 praxiserprobte Übungsrundgänge vorgestellt. Hinweise zur Organisation und Durchführung, methodische Hinweise zur Übungsausführung und hilfreiche praktische Anregungen sorgen für ein effektives und interessantes Zirkeltraining. Klare Aufgabenstellungen und ein vielfältiger Geräteeinsatz an verschiedenen Stationen sorgen für eine hohe Motivation bei den Kindern.

Auch bei „nicht so sportlichen Kindern" stellen sich schnell sichtbare Erfolge ein. In den praktischen Beispielen kommen Übungen mit und ohne Gerät sowie Partnerübungen zum Einsatz.

48 Seiten	13 022	ab 14,49 €

1 2 3 4

Rudi Lütgeharm

Bewegungslandschaften

Abenteuerturnen organisieren und ermöglichen

Mit diesen „Bewegungslandschaften" entsteht ein Spiel- & Übungsangebot, das zum Steigen, Klettern, Rutschen, Hangeln, Schaukeln, Stützen, Kriechen, Balancieren etc. auffordert. Dieser Band zeigt auf, wie man Bewegungslandschaften organisiert, nennt den Geräteeinsatz und Sicherheitsmaßnahmen.

92 Seiten	12 266	ab 17,49 €

1 2 3 4

Rudi Lütgeharm

Fitnessstudio im Sportunterricht

Krafttraining für Kinder & Jugendliche

Wir holen das Fitnessstudio in die ganz normale Sporthalle. Auch im regulären Unterricht ist es möglich, ähnliche Angebote wie im Fitnessstudio zu bieten. Funktionelle Übungen zu Muskeltraining, Ausdauer und Häufigkeit, Beweglichkeit und Kräftigung werden erklärt. Vorschläge zum individuellen Krafttraining durch Differenzierung und ausführliche Beschreibungen zu allen Übungen gewährleisten einen modernen und inhaltlich neu ausgerichteten Sportunterricht.

112 Seiten	12 200	ab 18,99 €

1 2 3 4

Rudi Lütgeharm

Kraft & Koordination durch Partner- & Gruppenübungen

Im Mittelpunkt steht das Schulen der Grundtätigkeiten und das Verbessern der konditionellen und koordinativen Fähigkeiten. Aus der Vielzahl möglicher Übungen wird hier eine Auswahl angeboten, die unter Einsatz von Geräten wie Taue, Bälle, Kastenteile, Stäbe, Turnbänke, Matten, Weichboden und Alltagsgeräte besonders motivierend wirken. Partner- und Gruppenübungen sind auch in heterogenen Klassen/Gruppen leicht umsetzbar.

48 Seiten	12 716	ab 13,49 €

3 4

Hermann Krämer-Eis

Attraktiver Sportunterricht für die kleine Halle

Attraktive Übungseinheiten und motivierende Sportspiele sind für eine Sportstunde wie das Salz für die Suppe, ob zur allgemeinen Erwärmung, als Abschlussspiel oder als Hauptteil. Die zahlreichen, selbst kreierten und jahrelang praktizierten Spiel- und Übungsformen mit detaillierten Hinweisen zur allgemeinen Organisation, zum Sicherheitsaspekt und zum Lehrerverhalten helfen bei der Durchführung. Die sportmotorischen Fähig- und Fertigkeiten werden geschult und trainiert.

Der Band enthält zahlreiche motivierende Übungseinheiten und abwechslungsreiche Spiele.

64 Seiten	12 804	ab 14,99 €

4

Rudi Lütgeharm

Das Zirkusbuch - *Alle machen mit!*

Akrobatik mit dem Partner/in der Gruppe, jonglieren, Gleichgewichtshalten mit Rollbrett, Rola-Bola und Clownerien. Der Band führt die Bewegungsabläufe in Lernschritten ein, damit sie als Grundlage für den Unterricht eingesetzt sind. Es veranschaulicht auch, wie geeignete Bewegungskunststücke ausgewählt und methodisch aufbereitet werden.

68 Seiten	11 643	ab 13,49 €

BF

1 2 3 4

 Aa Grundschrift mit Sprechsilbenfärbung 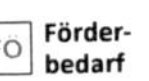 FO Förderbedarf  INK Inklusion  BF Begabtenförderung  Lernen an Stationen 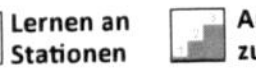 Arbeitsmaterial zur Differenzierung 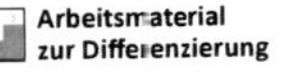 Zusatzmaterial 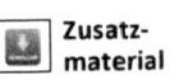 Fächerübergreifend 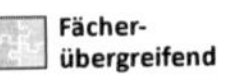 PDFplus

Sabine Runge

Noten lernen mit Fridolin, dem Notenhelfer

Theorie kleinschrittig und verständlich

Noten lernen ist für viele ein Buch mit sieben Siegeln. Aber mit Fridolin, dem Notenhelfer, geht es ganz einfach! Schritt für Schritt führt er in die Welt der Noten ein und erklärt die wichtigsten Regeln. Verschiedene Übungen runden das ansprechende Material ab.

64 Seiten	12 109	ab 14,99 €

Klasse 2 3 4

Birgit Brandenburg

Klassiker für Kids

... von Barock bis Moderne

Zahlreiche Informationen, abwechslungsreiche Aufgaben und Rätsel rund um die Größen der Musik der letzten 3 Jahrhunderte. Der Inhalt reicht von **Barock**, der **Klassik**, der **Romantik**, dem **Impressionismus** bis hin zum **Rock'n'Roll**. Die wichtigsten berühmten Künstler und ihre Stücke als Highlights für die jeweilige Epoche sind dabei vertreten.

88 Seiten	11 107	ab 18,49 €

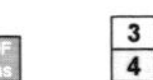

Klasse 3 4

Gary M. Forester

Musikinstrumente entdecken

Lern- & Legematerial mit Informationen und Bildern

Blas-, Streich-, Zupf- und Tasteninstrumente sowie elektronische Instrumente und Schlag- & Rhythmusinstrumenten werden sternförmig gelegt. Auf der Rückseite der jeweiligen Abbildungen sind knackig und kurz wichtige Informationen über das jeweilige Instrument zusammengefasst. Ein informativer und spannender Beitrag zum Musikunterricht.

FARBIG

48 Seiten	15 017	ab 18,99 €

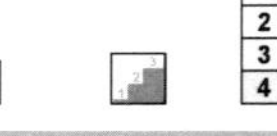

Klasse 1 2 3 4

Bärbel Herrmann & Jürgen Tille-Koch

Mundharmonika spielen lernen

Dieser Band mit 40 volkstümlichen Liedern ist für Kinder ab ca. 6 Jahren bis zu Erwachsenen auch über 80 einfach und ohne Noten verständlich konzipiert. Die Lieder sind im Anhang zum Singen und Begleiten in traditioneller Notation angefügt. Ziele des Buches sind ... • ... das gemeinsame Musizieren allein oder in der Gruppe aller Altersstufen • ... die Förderung individueller Fähigkeiten • ... die Begleitung kreativer Entwicklungen • ... Spielen und Singen bekannter Volkslieder • ... die Pflege des volkstümlichen Liedguts • ... Liedbegleitung auf Gitarre, Akkordeon, Klavier etc.

84 Seiten	11 587	ab 17,49 €

Klasse 1 2 3 4

Karl-Heinz Knorr

Musik machen in der Grundschule

Die verständlich gesetzten Arrangements für das Orff-Instrumentarium und beliebige Melodieinstrumente versprechen motivierende Präsentationen zu allen Gelegenheiten. Sie wecken Lust und Freude an Musik und entwickeln musikalische Fertig- und Fähigkeiten, wobei die ergänzenden Harmonieangaben alle Möglichkeiten einer zusätzlichen Begleitung eröffnen.

64 Seiten	11 629	ab 14,49 €

Klasse 1 2 3 4

Larissa Scharies & Jo van Bosch

Starke Kinder Bewegungslieder zum Mitmachen

Die projektorientierten Ideen fördern die Sozialkompetenz der Kinder. Die Texte und Gestaltungsvorschläge der Songs bauen Selbstvertrauen auf und stärken die Persönlichkeit. Ziel ist es, die Kinder spielerisch zu ermutigen, die eigenen Stärken zu entdecken und sie dabei zu unterstützen, ihr Recht auf Selbstbestimmung wahrzunehmen, um auch bei Begegnungen mit Mobbing und Gewalt selbstbewusster auftreten zu können.

36 Seiten	11 507	ab 14,49 €

Klasse 1 2 3 4

Ingrid Jonas & Jo van Bosch

Lustige Klanggeschichten

... eignen sich hervorragend zur Umsetzung in Lern- und Spielsituationen. „Experimentieren mit Klängen" schafft eine stabile Basis für die erfolgreiche und nachhaltige Erarbeitung der sich anschließenden Geschichten.

36 Seiten	11 202	ab 11,99 €

Klasse 1 2 3 4

Boomwhacker

Andreas von Hoff

Boomwhackers – Tipps & Tricks für Einsteiger

Ein praktisches Hand-out zum Einstieg in die Boomwhackers-Reihe. Wichtige Einsteigerinformationen und Tipps & Tricks zum Einsatz der Boomwhacker im Unterricht.

24 Seiten	10 869	ab 9,49 €

Klasse 1 2 3 4

Andreas von Hoff

Boomwhackers – How to start!

Ohne großen Vorbereitungsaufwand sofort mit der ganzen Klasse musizieren! Schüler verstehen das verwendete Notationsformat bereits nach wenigen Minuten. In einfachen Lernschritten werden sie vom gleichmäßigen Zusammenspiel zum rhythmisch-melodischen Ensemble geführt. Erlernt und vertieft werden Viertel- und Achtelnotenwerte im 4/4 Takt sowie einfache Songstrukturen. **Die Umsetzung der Rhythmusvorgaben ist kinderleicht!**

FARBIG

1 Ganz einfache Einstiege	10 804	je 44 Seiten
2 Melodie und Harmonie	10 811	ab 21,49 €

Klasse 1 2 3 4

Andreas von Hoff

Boomwhackers – Lieder & Spielideen

Sechzehn Lieder werden mit Boomwhackers untermalt. Zusätzlich gibt es Praxistipps sowie die Anleitung zur kleinen „Boomwhacker-Band". Neben den zahlreichen Liedern kommt auch die Bewegung nicht zu kurz!

FARBIG

32 Seiten	10 971	ab 16,49 €

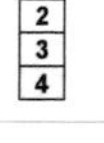

Klasse 1 2 3 4

Andreas von Hoff

Boomwhackers - Spiele

Sie brauchen kreative Anregungen zum Einsatz der Boomwhacker? Andreas von Hoff hat an über 100 Schulen mit mehr als 12.000 Schülern gearbeitet. Aus den dabei gewonnenen Erfahrungen entstanden diese Bände mit sechzehn abwechslungsreichen und motivierenden Boomwhackers-Klassenspielen, die ohne großen Aufwand in die Praxis umzusetzen sind. Viele Spiele lassen sich auch gut bei Aufführungen einsetzen!

24 S.	1 Spiele	10 840	ab 10,99 €
32 S.	2 Noch mehr Spiele	10 946	ab 10,99 €

Klasse 1 2 3 4

Jo van Bosch

Boomwhackers ... für kleine Gruppen

Wenige Boomwhackersets genügen schon, um die dreistimmigen, einfach umzusetzenden Arrangements im Unterricht/bei Schulaufführungen umzusetzen. Auch für fachfremd Unterrichtende geeignet!

FARBIG

36 Seiten	11 831	ab 15,99 €

Klasse 3 4

Jürgen Tille-Koch

Boomwhacker fachfremd einsetzen

Die bunten Plastikröhren sind aus dem Musikunterricht nicht mehr wegzudenken. Größe und Farben werden auf der einen Seite bei abwechslungsreichen Spielideen eingesetzt. Auf der anderen Seite dienen sie zur einfachen Liedbegleitung, Klangzuordnung und Darstellung von Rhythmen. Sie werden von den leicht umsetzbaren Ideen begeistert sein!

FARBIG

Klasse 1/2	11 983	je 48 Seiten
Klasse 3/4	11 984	ab 17,49 €

Klasse 1 2 3 4

Andreas von Hoff

Noten lernen mit Boomwhackers

Noten lernen kann richtig Spaß machen: mit Boomwhackers! Dieser Band beschäftigt sich handlungsorientiert mit Vierteln und Achteln und fordert zum Experimentieren auf. Mithilfe des Zusatzmaterials zum Download lassen sich auch eigene Varianten erstellen.

FARBIG

32 Seiten	10 892	ab 16,49 €

Klasse 1 2 3 4